冠婚喪祭（관혼상제）

家禮書式百科

가례 서식 백과

太乙出版社

혼례 (婚禮) / 5

혼례(婚禮)

전통적인 혼례에는 육례(六禮)라는 게 있는데, 그것이 바로 절차로서 납채(納采)、문명(問名)、납길(納吉) 납징(納徵) 청기(請期)、친영(親迎)을 하게 마련이었지만, 지금은 보다 현대화 되어 사주(四柱)、택일(擇日)을 거쳐 혼례식을 올리게 되며, 혼례식은 도시일 경우에는 예식장(禮式場)、교회(敎會) 등에서 하며, 농어촌에서는 아직도 재래의 전통적 육례를 거쳐 전안례(奠雁禮)、교배례(交拜禮)、근배례(졸拜禮) 등으로 혼례를 이루고 있다.

육례(六禮)

1. 사주(四柱)와 서식(書式)

양가(兩家)에서 혼인 말이 오고 간 다음에 정혼하기로 약정이 되면 신랑집에서 신부집으로 사주(四柱)를 보내게 된다. 이 사주는 육례 중의 문명(問名)과 같은 것으로 육례의 문명에서는 신부의 어머니가 신랑될 사람에게 이름과 생년월일을 묻고, 그 길흉을 판단하는 법인데, 이 사주는 바로 그런 문명 절차가 서식화(書式化)한 것이라고 볼 수 있고 문명은 육례의 순서 중 납채의 다음에 행하는 절차인 것이다.

근래에 와서는 이런 절차에 있어서도 간소화 되어 납채를 보낼 때 사주도 함께 보내는게 통례로 되어 있다. 또, 약혼식에서 납채와 사주를 한꺼번에 보내기도 하며, 때로는 약혼

기념으로 패물을 교환하기도 하는등, 그 절차는 상당히 변화되어 있는 형편이다.

사주를 쓴 종이를 **사성장(四星狀)** 이라고 하는데 지금은 이 사주용지를 규격에 맞도록 인쇄하여 팔고 있으므로 구태여 그 사주 쓸 용지를 만들 필요는 없는 것이지만, 그래도 그런 인쇄된 사주용지 보다는 집에서 정중하게 만들어 보내는 게 좋다.

사주의 용지는 두꺼운 간지나 창호지 같은 것을 사용해도 좋고, 모조지(模造紙) 같은 것을 이용해도 좋다.

사성(四星)

甲子戊辰乙丑壬午

일반적인 규격／30 cm×21 cm

여기에 예로 들은 〈甲子戊辰乙丑壬午〉라는 것은, 가령 갑자년 삼월 십오일 오전 열 한시 생이라면, 갑자년 삼월의 월건(月建)이 무진(戊辰)이며, 십오일의 일진(日辰)은 을축(乙丑)이고, 열 한시는 임오(壬午)이기 때문에 이렇게 쓰는 법이다.

사성(四星) 봉투

全州李氏生家
金生員宅入納禮第

사주를 다 썼으면 사주봉투에 넣어야 되는데, 봉투의 앞면에는 사성(四星), 혹은 사주(四柱)라고 써야 하며, 혹은 다음의 그림과 같은 예문의 글을 쓰기도 한다.

사주를 보낼 때, 때로는 사성송서(四星送書)라고 하는 인사편지와 같은 것도 보내는 경우가 있는데, 지금도 농어촌지방에서는 간혹 그런 사성송서를 보내고 있다. 이 사성송서도 원래는 재래식 전통 혼례에 있는 것이므로 복잡하다 해도 이런 격식을 갖추는 것이 나쁘지 않다. 이 사성송서의 서식은 다음과 같다.

사성송서(四星送書)
〈사성〉을 보낼 때 함께 보내는 인사 편지

복유만추
伏惟晩秋 (계절에 따라)에

존체후이시만중
尊體候以時万重에 仰慰潔区区之至 앙위소구구지지 이오며

제가아
弟家兒 (조부가 주혼이면 손아(孫兒)라고 하며 백숙부가 주혼일 경우 질아(姪兒), 형이 주혼이면 제(弟)라고 한다.)

친사 기몽계허
親事는 旣蒙契許하오니 寒問慶幸 한문경행 이오이다.

성단 녹정 연길회시 여하
星單을 錄呈하오니 捐吉回示하심이 如何 오리까.

여 불비복유 존조근배상장
余는 不備伏惟 尊照謹拜上狀하오이다.

경자 월 일
庚子 月 日

전주후인 이덕대배
全州後人 李德大 拜

7

사성 송서를 썼으면 또 봉투를 만들어야 하는데, 이때의 사성봉투는 현재 인쇄를 하여 시중에서 팔고 있으나 그런 인쇄물 보다 직접 깨끗하고 두꺼운 백색, 모조지 같은 것으로 만들어 사용하는 게 더 정중한 맛이 풍겨 좋다. 사성송서의 봉투 앞면과 뒷면에는 다음과 같은 글을 쓰면 된다.

사성송서 (四星送書) 봉투

앞면

謹拜上狀
某生員 下執事

뒷면

謹封 四柱同封
庚子 正月十日

2. 택일(擇日)

신부집에서는 사주와 사주에 따른 편지 즉, 사성송서를 받으면 혼인 날자를 정하여 신랑 집으로 통보를 해야 하는데, 이것을 재래의 전통적인 육례법에서는 납길(納吉)이라고 한다. 재래의 풍습으로는 신부집에서 결혼 날자를 택하여 신랑집에 통고 할 때는 납길서(納吉書)와 연길서(涓吉書)를 보내야 하며, 이런 납길서와 연길서를 받으면 신랑 집에서는 신부집에서 서정한 결혼날자에 대하여 가부를 알려 주어야 하는데 이런때 쓰여지는게 납길복서(納吉復書)이다.

伏承 복승

賜命涓吉○月○日○時実堂婚期可否惟命端
사명연길월일 시실당혼기가부유명단

拜以候伏惟
배이후복유

尊茲特賜
존자특사

鑑念不宣
감념불선

年月日
년월일

연길서식 (涓吉書式)

尊鴈○年○月○日○時納弊同日先行
존안년월일 시납폐동일선행

○貫後人 ○○○拜
관 후 인   배

伏承
복 승

尊慈況以
존 자 항 이

重體辭旣不獲若夫婚期惟命是敬備以須伏惟
중 체 사 개 불 확 약 부 혼 기 유 명 시 경 비 이 수 복 유

尊慈特賜
존 자 특 사

鑑念不宣
감 념 불 선

年 月 日
년 월 일

연길송서를 보낼 때의 피봉은 사주、즉 사성송서 (四書送書)
의 봉투와 같이 하고、다만 사성동봉 (四星同封) 이란 글씨 대
신 연길동봉 (涓吉同封) 이라고 쓰면 된다.

연길송서

伏承華翰하오니 感荷無量이오이다.

謹審兹者

尊體候万重하시니 仰慰潔区区之至로다. 弟女児親事는 既承柱単하오니

寒門慶事이라 涓吉을 録呈하오니 章製를 回示하심이 如何오리까. 余는 不備伏惟尊照

謹拜上狀

년월일
年月日

○貫後人 ○○○ 両拜

쥐 / 자시(子時) 11시~1시

소 / 축시(丑時) 1시~3시

범 / 인시(寅時) 3시~5시

토끼 / 묘시(卯時) 5시~7시

용 / 진시(辰時) 7시~9시

뱀 / 사시(巳時) 9시~11시

말 / 오시(午時) 11시~1시

양 / 미시(未時) 1시~3시

원숭이 / 신시(申時) 3시~5시

닭 / 유시(酉時) 5시~7시

개 / 술시(戌時) 7시~9시

돼지 / 해시(亥時) 9시~11시

결혼할 날을 결정 보았으면 그 결혼식 전날에 신랑측은 신부측에게 혼수(婚需)를 넣은 함을 보내야 한다. 이것을 납폐라고 하며, 옛날에는 납징(納徵)이라고 했다. 원래 이 함을 보내는 것은 신랑측이 신부측에서 허혼(許婚)을 한데 대한 사례 형식인데, 함 속에 들어가는 것은 폐백(幣帛)과 혼서(婚書)이며, 이 함은 옛날에는 직접적인 《함진애비》가 있어 지고 다녔지만 지금은 신랑측의 친구들이 메고 다니며, 밉지 않은 장난도 하게끔 현대화 되었다.

이 전안례는 신랑을 맞아 대례를 치루는 제일 처음의 절차로 신랑을 신부집에서 맞으는 의식이라고 할 수 있다.

신부집에서 예의에 밝은 젊은이가 문전에서 신랑을 맞아 세번 읍하는데, 이 때 신랑도 따라서 세번을 읍해야 한다. 이 때 신랑은 안고 있던 목안(木鴈)의 머리가 외쪽으로 가게 하여 들고 들어가, 이미 준비되어 있는 안상(案上)에 놓는다. 신랑이 목안을 들고 있지 않고 안부(鴈夫)가 들고 들어가 안상에 놓는 경우도 있다. 목안을 안상에 놓으면 탁자 앞에 꿇어 앉아 분향을 한 다음, 하늘을 우럴어 두 번 절을 한다. 이런 절차가 끝나면 신부집에서 가족 중 대표하여 한 여인이 나와서 안상에 놓여 있는 목안을 안아다 신부 앞에 놓는데 이것이 바로 전안(奠鴈)의 의식 절차이다.

이 예식은 신랑과 신부가 처음으로 상면하여 서로 예를 교환하는 것이다. 과거에는 생면부지의 남녀가 중매를 통해 정혼이 되면 이 교배례의 의식에서 처음으로 상대방을 상면하게 되므로, 이 교배례는 그런 의미에서 가장 뜻이 있다고 하겠다.

참고삼아 옛날의 법식대로 전안(奠鴈)과 초례시(醮禮時)의 준비를 어떻게 해야 하느냐 하는 것을 밝혀 보면 다음과 같다.

① 상다리가 높은 고족상(高足床)둘을 준비 해야 한다. 이것은 마치 제상(祭床)과 같은데, 붉은 칠을 한 상이어야 한다. 상 두개가 준비되어 있으면 하나는 초례청(醮禮廳)에다 놓고 하나는 예탁용(禮卓用)으로 쓰는데, 바로 전안례(奠鴈禮)에 사용한다.

② 촛대 두 쌍을 준비하여 한 쌍은 전안용 상에 놓고 한쌍은 초례청 상에 놓아야 한다. 이 때의 촛대는 붉은 칠을 해야 한다.

③ 병풍은 두개를 준비해야 하며, 한 개는 초례청에 펴야 하며 한 개는 전안상에 펴야 한다.

④ 향로(香爐)와 향합(香盒)도 두 쌍을 준비해야 하며, 한 쌍은 초례청에 한 쌍을 전안상에 놓아야 한다.

⑤ 주발은 하나만 준비하면 되는데, 전안상에다 청수를 담아 놓아야 한다.

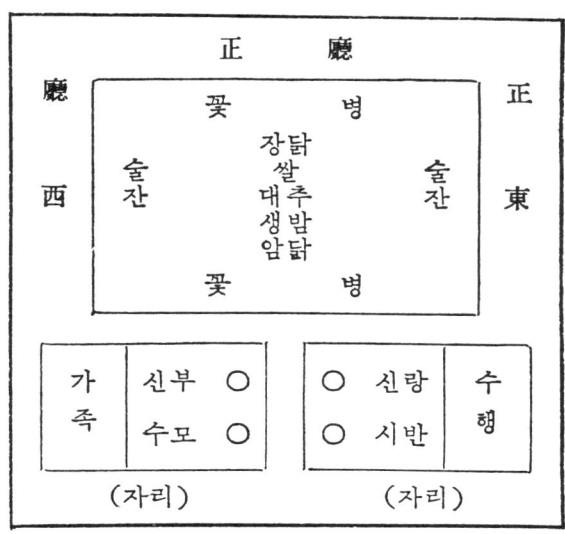

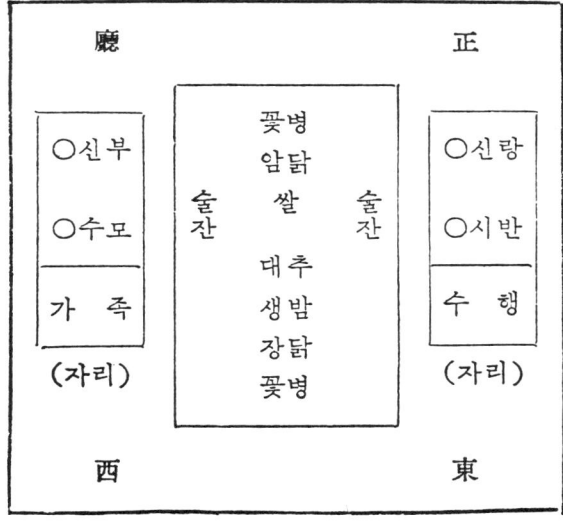

⑥ 화문석(花紋席)은 세개를 준비해야 하며 두 개는 초례청의 양쪽에 놓고, 한 개는 뜰에 놓아야 한다.

⑦ 행보석(行步席)은 이 행보석을 뜰에다 펴야 하는데, 신랑이 초례청에 들어 올 때는 이 행보석을 밟고 들어가야 한다.

⑧ 병안(餠鴈)은 두 개를 만들어야 한다. 떡으로 만든 오리인데 옛날에는 삶은 닭을 두 마리 썼으나 지금은 병안 대신 생닭을 두 마리 쓰기도 한다.

⑨ 술병 하나, 술잔 한 쌍, 밤, 대추, 산자, 떡과 국수를 각각 한 그릇을 장만하여 초례청에 놓아야 한다.

⑩ 신랑과 신부가 교배를 하거나, 또는 시부모를 뵈올때는 염의(袡衣)를 입는데, 이 염의는 소매가 넓으며 옆이 터져서 중추막과 같은데, 홍단(紅緞)으로 바탕을 삼고 찬란한 문채를 수 놓은 것이다.

⑪ 전안 의식 때 신부는 면관(綿冠)을 써야 하며 이것을 쪽도리 〈양머리쪽지〉라고 부른다. 전안 의식을 하는날 아침에 신부는 땋았던 머리를 풀고 뒤꼭지에 쌍으로 상투를 맺고 〈솜쪽도리〉라고 하는데 그것을 〈양머리쪽지〉라고 부른다. 초례청에 쓰는 것은 〈겹쪽도리〉라고 하여 협관(袷冠)이나 화관(花冠)이라고 부른다. 협관은 솜을 대지 않은 것이며 화관 의식 흔히들 〈솜쪽도리〉라고 한다. 쪽도리에 각종 패물을 달게 마련이며 신부가 초례청 의식 때 혹은 시부모에게 인사를 드릴 때도 이 화관을 쓰게 마련이다.

⑫ 용잠(龍簪)은 한 개면 되는데 비녀 머리가 용(龍) 같이 생겨 길이는 곡척(曲尺)으로 한 자쯤 된다.

⑬ 계자체(髻子髢)는 〈낭자다리〉라고 하는데 길고 큰 다

⑭ 〈앞줄〉이라고 하는 것은 〈드리운 댕기〉(垂髢)라고 하여 〈도토락 댕기〉와 같이 금을 올리고 두 끝에 꾸미어 낭자와 또는 비녀의 두 끝을 一, 二촌 아래로 드리운 것이다.

⑮ 금선(金扇)은 한개만 준비를 하면 되는데, 부채에다 색으로 금을 올려야 하며 신부가 교배례를 하면 들고 신랑과의 사이를 막는 것이다.

⑯ 〈덩에 머리〉라고 하는 것은 괴계(塊髻)인데, 신부가 초례할 때나 시부모에게 인사 올릴 때 붙이는 것으로 길이 五, 六촌 정도의 〈목척〉이며, 그 둘레는 四, 五촌이 되어야 한다. 나무로 기둥을 삼아 머리와 다래로 그 나무를 싸고 각종 패물을 장식해야 한다. 행례(行禮) 때에 신부 머리에 세우고 신부 머리의 양쪽에서 시중드는 여자들이 붙들어 주어야 한다.

⑰ 〈끝머리〉는 휴체(携髢)라고 하는데 끈이 두 개다. 이 휴체는 부자집이 아니면 마련하기가 힘들다.

⑱ 모(姆)는 한사람이면 되는데, 즉 신부의 시중을 들어 주는 여자다.

⑲ 차모(次姆)는 서너 사람이면 족한데, 신부를 시중들 때 좌우에서 같이 부축해 주어야 한다.

⑳ 남집사(男執事)는 한 사람이면 족하다. 〈팔밀이〉라고 하는데 신랑을 맞이 하기도 하며 또 대접을 하며 행례(行禮) 때에는 신랑을 보호하고 지도해 야 한다.

6. 근배례

교배례의 의식이 끝났으면 이어서 근배례 의식으로 들어가야 한다. 대례를 진행하는 집사자가 「졸분치혼부지전(卒分置婚婦之前)」하고 말하면 신랑과 신부를 시중드는 사람들이 표주박과 같은 술잔을 신랑과 신부 앞에 갖다 놓는다. 이 때 집사자는 「시자침주(侍者斟酒)」라고 말하는데, 이 때 시중드는 사람은 신랑과 신부 앞에 놓여 있는 술잔에다 술을 따른다.

집사자는 술이 잔에 차면 「서읍부거음(婿揖婦舉飮)」하고 말하는데, 이 때 시중을 드는 신부측 수모가 신부 앞에 놓여 있는 술잔을 들어 신부에게 주면 신부는 술을 마시지 않고 잔을 받기만 했다가 그 술잔을 도로 수모에게 건네어 준다. 수모는 그 술잔을 받아 신랑측의 시중을 들고 있는 남자에게 건네어 주는데, 술잔을 받아 술을 조금만 마시고 술잔을 도로 시중드는 사람에게 건네어 준다.

이 때 신랑에게서 술잔을 돌려 받은 사람은 그 술잔을 상위에 올려 놓고, 이번에는 술잔을 들어 신랑에게 건네어 준다. 신랑은 그 술잔을 받아 다시 시중드는 남자에게 그 술잔을 주면 그 술잔을 받은 사람은 신부의 시중을 들고 있는 여인에게 돌린다. 신부의 시중을 들고 있는 여인은 술잔을 받아 신부에게 주는데, 신부는 그 술잔을 받아 한모금 마시는 체하고는 시중드는 여인에게 돌려 준다. 이 때 여인은 신부로부터 술잔을 받아 상위에 올려 놓아야 한다. 이렇게 하면 신랑과 신부는 술잔을 서로 교환한 형식이 되는 것이다.

이 의식이 끝나면 집사자가 「진찬(進饌)」하고 말한다. 이 말이 있으면 신랑과 신부의 시중을 드는 사람들은 각자 안주를 집어 먹여 주는데, 이 때 신랑과 신부는 안주를 먹어도 좋고 먹기가 어색하면 받아서 상위에 놓아도 된다. 안주는 세 차례 계속 해서 집어 주어야 한다. 이 때 축하객들 중에서 축사가 있으면 축사를 하게 하고, 축전이 있으면 집사자가 그 축전을 읽어 주어야 한다. 이런 절차가 끝났다는 것을 알리기 위해 「예필(禮畢)」하고 말한다.

예필 선언이 있으면 신랑은 시중을 드는 사람의 인도를 받아 객실로 나아가 후행(後行)에게 절을 해야 하고, 신부는 자기 방으로 들어가 앉아 있어야 한다.

7. 우례(于禮)

신부를 신랑이 데리고 시집으로 가는 절차를 우례(于禮)라고 하는데, 옛날에는 지방의 풍속과 관습, 가풍에 의하여 신랑이 신부집에서 며칠을 묵거나 아니면 몇 개월 혹은 일년 간 신부를 친정에 있게 했다가 다음날 데리고 가는 경우도 많았으나, 지금은 첫날밤을 치른 다음날 바로 시집으로 들어가는 예가 많으므로, 가능하면 첫날밤을 치른 다음날 바로 신랑집으로 가는게 좋고, 이 때는 신부집에서 각종 음식을 마련하여 편지와 함께 보내는게 예로 되어 있는데, 예물을 상수

(床需)라고 하며、 편지는 상수서(床需書)라고 한다。 상수의 물건은 주로 육어주과포(肉魚酒果脯)이다。

8. 상수송서 (床需送書)

신랑집에 보내는 예물과 함께 신랑의 부모에게 보내는 신부측의 인사인데、 옛격식의 문투를 사용해 보면 다음과 같다。

醮筵奉皓 暖如春風遺香 尚留塵合 不能箒焉 謹未審漢回 返旆利

稅仁庇鴻休否 区区所祝 不備尋常 査弟(이 때 사돈이 나이가 많으면 사제라고 써야하며 나이가 아래이면 査下生이라고 써야한다。)

劣状 如作是可為幸 弟允郎 清儀美範 看看益奇 儘覺積德之余而

法家之所致 実過所望 自不勝喜悦 然而所謂禮需 未免存羊 愧汗

何極惟時怒罪否 余不備状惟鑑案

年 月 日

査弟 〇〇〇 拜上

이런 문투를 지금은 별로 쓰지 않고 문장도 상당히 현대화
되어 다만 진심으로 딸을 맡기는 충정만을 표하면 되는 것
이므로 이런 어려운 문투를 써야 하는 공식은 없다. 현대문
으로 쓰여지는 상수송서(床需送書)의 예문을 들면 다음과
같다.

현대식 상수송서(床需送書) 쓰는 법

국화꽃이 피어난 계절이옵니다. (이 때는 계절에 따라 그
표현이 달라야 한다.) 이런 계절에 즈음하여 댁내 고루 평안
하시오며, 가운이 번성하옵기를 진심으로 바라나이다. 딸을
보내는 그 심정 또한 격정이 되옵는 것은 여러가지 일을 제
대로 일깨워 주지 못한 걱정이 되옵는 것은 여러가지 일을 제
예의에 어긋나지 않고 시부모와 동기간과 전통있는 가문에
흠이나 남기지 않을까 하는 걱정이 태산 같아 한시도 마음을
놓을 수 없사옵니다. 아무쪼록 잘 타일러 잘못을 저질러도
용서하여 주시와 일깨워 주시옵기 간절히 바라오며 보잘것
없는 주효이나마 인사로 보내오니 너그러이 받아 주시옵소
서.

　　　　년　월　일

　　　　　○○○ 올림

---

9. 현구고

현구고는 신부가 처음으로 시부모에게 예를 올리는 것인데,
대청이나 방에서 해도 좋고 아니면 자리를 마련하여 성대하
게 하는 경우도 없지 않다. 그러나 대개의 경우 집안의 대청
이나 방에서 하고 있는게 상례다.

옛 격식대로 하려면 시아버지는 사모(紗帽)를 쓰고 단령(團
領)을 입어야 하며 시어머니는 가리마를 하고 단의(緞衣)를
입어야 하며 또는 낭자에 화관(花冠)을 써야 한다.
나란히 앉으면 신랑집 친척들이 서열대로 서
야 하며 그런 다음에 신부를 따라온 친척은 그 자리에 참여
해야 한다. 수모가 신부집에서 보낸 폐백을 시부모 앞에 올
린 후 신부를 안도 하여 시부모에게 차례로 큰절을 두 번씩
시킨다. 그런 다음에는 신부의 손을 거쳐 시아버지와 시어머
니에게 술잔을 올리게 되는데, 이 술잔을 받아마신 시아버지와 시어머
니는 대추를 먹고 그 씨나 대추 몇개를 신부의 앞에 던지는데,
대추는 오래 살라는 뜻으로 먹고 던지는 것이며, 대추씨는
아들을 많이 낳으라는 뜻이 있는 법이다.
이런 예가 끝났으면 시어머니는 폐백을 신부에게 주는데
때에 따라서는 시어머니가 집에 있는 패물이나 옷감 같은 것
을 주기도 하는데, 있으면 그렇게 해야 하지만 없을 때는 무
리 해서 장만할 필요는 없다.
시부모에게 인사를 올린 다음에 신부는 신랑집 가족 들에
게 차례로 인사를 한다. 이 때 시동생과 시누이는 신부와 서
로 맞절을 해야 하며, 조부모가 계실 때는 시부모를 뵙기 전

에 조부모에게 따로 먼저 인사를 올리는게 좋고, 원래의 격식에는 시부모에게만 폐백을 드리도록 되어 있으나, 구태어 그런 격식에 얽매어 있을 필요는 없다.

축하객이나 양가의 사람들은 식이 시작 되기 전에 자리에 앉아야 하며, 사회자는 주례를 주례석에 안내하여 앉도록 한다. 예정된 시간이 되었으면 사회자는 〈마이크〉 앞에서 식을 시작 한다는 개식 선언을 해야 한다. 식이 시작 되기 전에 축하객들은 접수 보는 사람에게 금품이나 예물을 접수해야 하며, 사회자가 개식선언을 하고는 곧 식순에 따라 사회를 보아야 한다.

1. 신랑입장

사회자가 〈신랑입장〉하면, 신랑은 예식장 한복판에 깔아 놓은 천을 밟고 주례 앞에 나아가 인사 다음, 돌아서 신부가 입장하는 것을 맞이 해야 한다.

2. 신부입장

사회자가 〈신부입장〉하면, 신부는 아버지나 오빠 아니면 숙부등 가까운 분의 부축을 받아 〈웨딩마아치〉에 맞추어 천천히 걸어 주례 앞으로 나아가는데, 신랑의 왼쪽 옆 자리에 주례를 보고 선다. 신부가 들어와 서면 신랑도 주례 앞으로 몸을 돌려 서야 한다.

3. 상견례 (相見禮)

사회자가 〈상견례〉를 선언하면, 신랑과 신부는 주례의 지시를 받아 서로 마주 보고 서면서 신랑은 신부의 면사포를 살짝 벗겨야 한다. 벗길 때는 면사포를 뒤로 제끼는 정도여야 한다.

4. 예물교환 (禮物交煥)

사회자가 〈예물교환〉을 선언 하면, 주례가 예물을 신랑신부에게 주어 서로 교환 하도록 하는데, 이 때 사회자는 신부가 신랑에게 주는 예물은 무엇이며 신랑이 신부에게 주는 예물은 무엇인가에 대하여 내빈들과 축하객들에게 알린다. 신랑은 신부에게 금반지나 백금반지 혹은 목걸이 같은 것을 예물로 하고, 신부는 신랑에게 만년필이나 시계 혹은 금반지 같은 것을 예물로 한다.

5. 고천문낭독

예물교환이 끝나면 사회자가 고천문(告天文)을 낭독하고 선언하며, 이때 주례는 보통 예식장에서 준비해 놓은 고천문을 읽는다. 고천문이란 남녀가 결합하여 일생을 해로할것을 하늘에 고하는 의식이다.

6. 주례사(主禮辭)

사회자는 고천문 낭독이 끝나면 〈주례사〉가 있다고 선언하고, 주례는 양인의 결합에 대한 축사의 뜻과 교훈적인 말을 한다.

7. 축사(祝辭)

주례사가 끝나면 내빈의 축사가 있는데, 간단하게 몇 명의 내빈이 축사를 하게 하고, 축사가 끝나면 축가나 축시(祝詩)의 낭독도 있다. 없으면 생략해도 무방하다.

9. 신랑신부의 내빈에 대한 인사

주례의 지시에 따라 신랑신부는 같이 내객들을 향해 정을 한다. 이 때 내빈들과 축하객들은 앉거나 서서 박수를 친다.

9. 양가대표(兩家代表) 인사

양가를 대표하여 신랑측이거나 신부측에서 한 사람이 〈마이크〉 앞에 나와 피로연이 있거나 아니면 답례가 있다는 것을 인사말과 함께 감사의 뜻을 표한다.

10. 신랑신부 퇴장

신부는 신랑의 팔을 끼고 나란히 퇴장을 하는데, 이 때 오색종이 〈테이프〉나 축포로 퇴장하는 신랑신부를 환영한다.

11. 기념사진 촬영

기념사진은 신랑과 신부가 주례와 함께 찍고, 다음에는 신랑신부가 같이 찍으며, 신랑신부와 함께 양가 가족들도 같이 찍어야 한다. 그런 다음에는 신랑신부와 양쪽 우인들이 한 장을 찍으면 된다.

12. 폐백

식이 끝나면 예식장의 경우 따로 마련된 폐백실에서 재래식 격식대로 폐백을 올리고, 그렇지 않을 때는 신혼 여행을 갔다와서 신랑집에서 하는 경우도 있다. 그 격식은 재래식과 같다.

궁합법(宮合法)

六十甲子 並行音表 (육십갑자 병행○음표)

甲子乙丑 海中金	丙寅丁卯 爐中火	戊辰己巳 大材木	庚午辛未 路傍土	壬申癸酉 金鋒金
甲戌乙亥 山頭火	丙子丁丑 澗下水	戊寅己卯 城頭土	庚辰辛巳 白蠟金	壬午癸未 楊柳木
甲申乙酉 泉中水	丙戌丁亥 屋上土	戊子己丑 霹靂火	庚寅辛卯 松柏木	壬辰癸巳 長流水
甲午乙未 沙中金	丙申丁酉 山下火	戊戌己亥 平地木	庚子辛丑 壁上土	壬寅癸卯 金箔金
甲辰乙巳 覆燈火	丙午丁未 天河水	戊申己酉 大驛土	庚戌辛亥 釵釧金	壬子癸丑 桑柘木
甲寅乙卯 大溪水	丙辰丁巳 沙中土	戊午己未 天上火	庚申辛酉 石榴木	壬戌癸亥 大海水

男女宮合法(남녀 궁합법)

- 頭尾法
子寅卯未酉戌亥爲尾 丑辰午申巳爲頭 兩頭合
則平兩尾合則順 男頭女尾和合 女頭男尾不吉

- 解説
相生＝金生水 水生木 木生火 火生土 土生金
相克＝木克土 土克水 水克火 火克金 金克木

男金女金
길흉이 많으니 가난할 것이요. 자손이 창성하
나 정이 없을 것이요, 부부지정이 점점 허수
하고 동기 지정이 화목치 못하고 패가하리라.

男金女木
金克木이니 만사 구설이 분분하도다. 과망지
격이요, 자손이 불화하여 가도다. 쇠잔하여
우마와 재물이 진진하지 못하리라.

男金女水
金生水니 부귀복록이 많고 가도유여하며 자
손의 장자는 죽고, 차자는 장수하여 재물이
거부되고, 일세의 명예가 높아지며, 부부 금
슬이 좋으리라.

男金女火
火克金이니 백년을 근심할 격이라. 재산을 태
산같이 두었으나 자연 패가할 것이요, 이별지
수가 있고 혹 자손을 두었으나 기르기 어렵도
다.

男金女土
土生金이니 부귀공명 지격이라. 자손이 번성
하고 재물이 많고 명예가 세상에 진동하고,

男木女金
평생의 근심이 없으리라.
金克木이니 좋지 못하고 부부간에 오래 동거
치 못할 것이요, 일생에 빈함을 면치 못하고,
자연 자손이 성치 못하여 재화가 연발할 것이
다.

男木女木
木生火이니 평생에 길흉이 상반하고 부부화
락하여 생남 생녀하고, 재산은 풍족치 못하
나 일생을 안락하게 지내리라.

男木女水
水生木이니 부부 금실이 지극하고 자손이 효
성있고 친척이 화목하고 복과 록이 가득하며
수명할 것이요, 원만한 가정이로다.

男木女火
木生火이니 자손이 만당하고 복록이 많을 격
이라, 평생을 금의옥식으로 걱정근심없이 지
낼 격이로다.

男木女土
木克土이니 금실이 떨어지고, 친척이 불목하
며, 자손이 불효하여 패가망신하리라.

男水女金
金生水이니 부귀할 격이요, 자자손손이 창성
하고 생애가 족하고 친척이 화목하고 재산이
많으리라.

男水女木
水生木이니 재산이 흥왕하고 영화가 무수하
고 공명이 또한 겸비하며, 자손이 만당하니
평생에 기쁜 일 뿐이로다.

男水女水

水相合이니 부귀할 격이요, 부부 금슬이 중하고 일가가 화순하여 재물이 많고 자손이 수다하여, 일생에 근심이 없으리라.

男水女火

水火相克이니 부부 불화하고, 자손이 불효하며 일가 친척이 화목치 못하면 자연 집안이 결단나리라.

水女土土

水相男克이니 부부 금슬이 불화하고 자손이 불효하다.

男火女金

火克金이니 불 가운데 눈같이 쓸려지고 먹을 것이 없도다. 자손이 귀하고 인륜이 어지러워 재앙이 끊이지 않고, 재물이 흩어지리라.

男火女木

木生火이니 만사 대길하고, 부부 화합하여 자손이 효성하고, 사방에 이름이 날리어 재물은 석숭을 비하고 벼슬은 극히 높으리라.

男火女火

兩火가 相遇하니 길한 것이 없고 흉한 것이 많도다. 재물이 흩어지고 부부간에 화순치 못하고 자손이 없고, 화재로 패를 보리라.

男火女土

火生土이니 자손이 성하고 재물이 풍족하여 일생에 근심이 없고 부귀복록이 자연 이르고 명예가 세성에 전하도다.

男土女金

土生金이니 부부 해로하여 자손이 창성하고 부귀공명이 겸하고 재물이 많고 근심이 없으리라.

男土女木

木克土이니 부부 서로 불화하고, 관재 구설이 끊임없어 비록 재물은 있으나 장차 없어질 것이라.

男土女水

이요, 백년을 근심으로 지내리라. 土克水이니 자손은 비록 있어도 동서로 흩어질 것이요, 부부지간에 생이별하고 가엾이 되리라.

男土女火

火生土이니 부부간에 금슬이 중하고 자연부귀하여 재물이 태산같고 효자효부를 두어 만사에 걱정이 없고 백년을 안과하리라.

男土女土

兩土가 相合하니 子孫이 창성할 격이요, 富貴하여 금의 옥식에 풍류객이 되어 고루 거각에 명월이 비치고 재물이 많으리라.

혼삼재 (婚三災)

혼삼재란 서로 맞지 않는 띠끼리 만나게 되면 걸리게 되는 재앙으로 여기에 해당되면 부부가 생·사 이별하게 되고 가산(家産)에 패수(敗數)가 있고 병액으로 고통받고 모든 일이 중도에서 좌절하게 된다.

• 호랑이띠(寅), 말띠(午), 개띠(戌)로 태어난 사람이 쥐띠(子), 소띠(丑), 호랑이띠(寅)를 만나면 삼재가 되고,
• 돼지띠(亥), 토끼띠(卯), 양띠(未)로 태어난 사람이 닭띠(酉), 개띠(戌), 돼지띠(亥)를 만나면 삼재가 되고,
• 잔나비띠(申), 쥐띠(子), 용띠(辰)로 태어난 사람이 말띠(午), 양띠(未), 잔나비띠(申)를 만나면 삼재가 되고,

• 뱀띠(巳)、닭띠(酉)、소띠(丑)로 태어난 사람이 토끼띠(卯)、용띠(辰)、뱀띠(巳)를 만나면 삼재가 된다。

※ 寅午戌年生人은 子丑寅年生人을 忌한다。
※ 亥卯未年生人은 酉戌亥年生人을 忌한다。
※ 巳酉丑年生人은 卯辰巳年生人을 忌한다。
※ 申子辰年生人은 午未申年生人을 忌한다。

불혼법 (不婚法)

이 불혼법은、출생한 달을 상대로 하여 궁합(宮合)을 보게 되는 것으로 여기에 해당되면 부부가 이별하고 자손이 없거나 가난하거나 병액이 있거나 갖은 풍파가 일어나므로 불행하게 된다。

正月生 男子는 六月生 女子와、二月生 女子와、三月生男子는 九月生女子와、四月生女子와、五月生男子는 八月生女子와、六月生女子와、正月·七月生女子와、七月生男子는 十一月生女子와、八月生女子와、九月生男子는 十月生女子와、十月生男子는 十二月生女子와、十一月生男子는 二月生女子와、十二月生男子는 正月·四月生女子와、十一月生男子는 二月生女子와、五月生女子와 혼인을 하지 않는다。

다。어느 달을 말할 것없이 토끼날(卯日)에 출생하거나 닭날에 출생하면 이 살에 걸리고 이 날에 출생한 사람은 과부가 된다는 것이다(每月卯日天寡殺、每月酉日地寡殺)。

고과살 (孤寡殺)

고과살이란 생년(生年)을 대조하여 보아 이 살에 걸리면 부부가 생사 이별수가 있어 고독하고 과부가 되는 수를 말한다。

① 돼지띠、쥐띠、소띠가 범띠하고 만나면 고독하고 개띠를 만나면 과부살이 된다(亥子丑生은 寅孤戌寡殺)。

② 범띠、또끼띠、용띠가 뱀띠를 만나면 고독살이 되고、소띠를 만나면 과부살이 된다(寅卯辰生巳孤丑寡殺)。

③ 뱀띠、말띠、양띠가 잔나비띠를 만나면 고독살이 되고、용띠를 만나면 과부살이 된다(巳午未生은 申孤、辰寡殺)。

④ 잔나비띠、닭띠、개띠가 돼지띠를 만나면 고독살이 되고、양띠를 만나면 과부살이 된다(申酉戌生은 亥孤、未寡殺)。

촌법(寸法)

親族 系寸表 (친족 계촌표)

종고조·모 從高祖 傍高祖 ── (형·제) ── 高祖父·母 고조부·모

(六寸) · (四寸)

재종증조(母) 再從曾祖 · 종증조·母 從曾祖 ── (형·제) ── 曾祖父·母 증조부·모

(七寸) · (五寸) · (三寸)

삼종조·母 三從祖 · 재종조·母 再從祖 · 祖父·母 조부·모 ── (형·제) ── 從祖父·母 종조부·모

(八寸) · (六寸) · (三寸) · (四寸)

삼종숙·母 三從叔(三堂叔) · 재종숙·母 再從叔(再堂叔) · 아버지 어머니 父·母 ── (형·제) ── 伯叔父·母 백숙부·母 · 從叔父·母 종숙부·모(堂叔)(父母)

(九寸) · (七寸) · (一寸) · (三寸) · (五寸)

四從兄弟姉妹 姉妹「嫂」사종 형제·매 · 三從兄弟妹 妹「嫂」삼종 형·제자·매 · 自己 夫·妻 자기 부·처 · 從兄弟姉妹 「嫂」종형제자매 · 再從兄·弟 姉妹·妹재종 형·제자·매

(十寸) · (八寸) · (一寸) · (四寸) · (六寸)

24

内從 系寸表 (내종 계촌표)

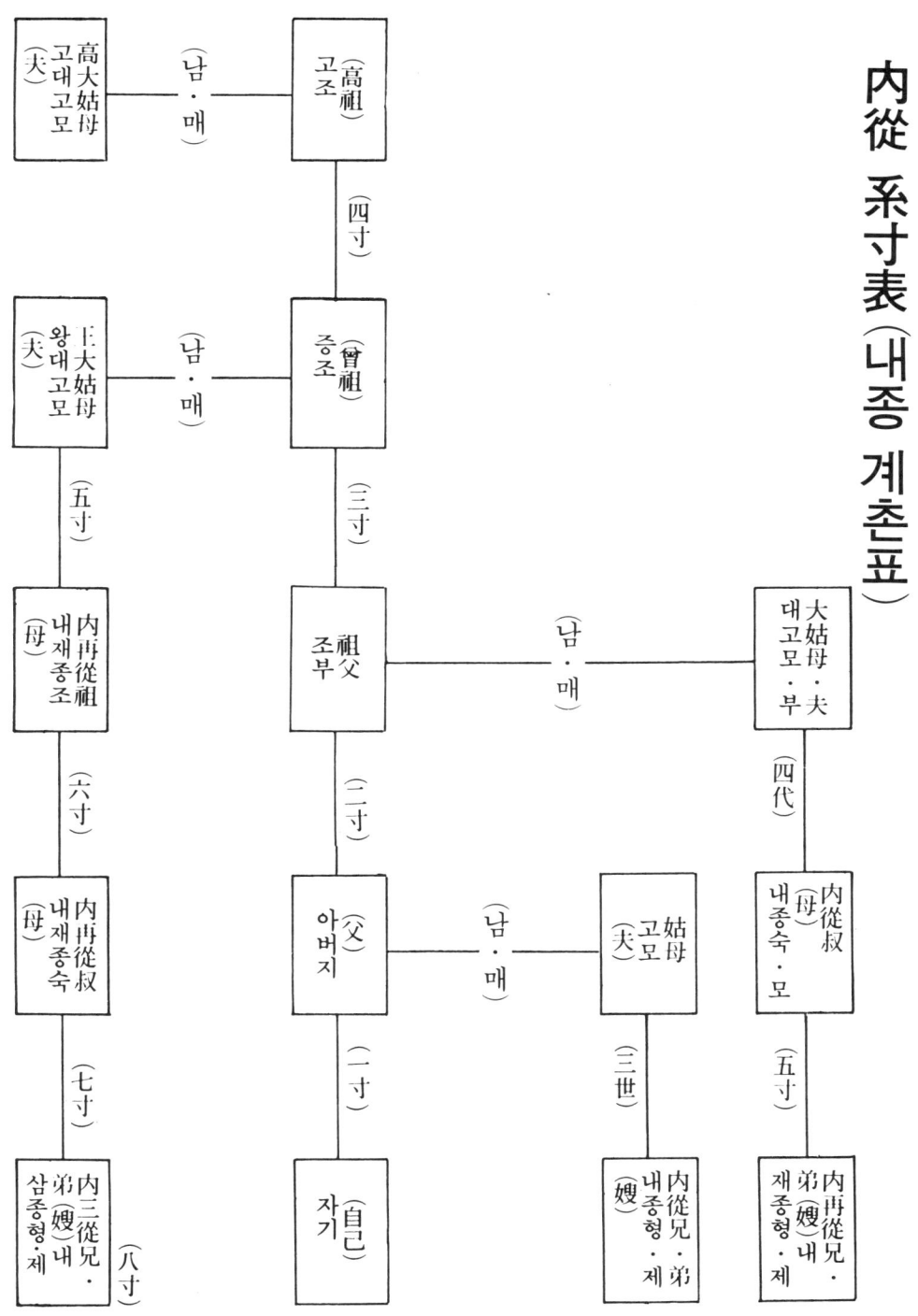

外家 系寸表 (외가 계촌표)

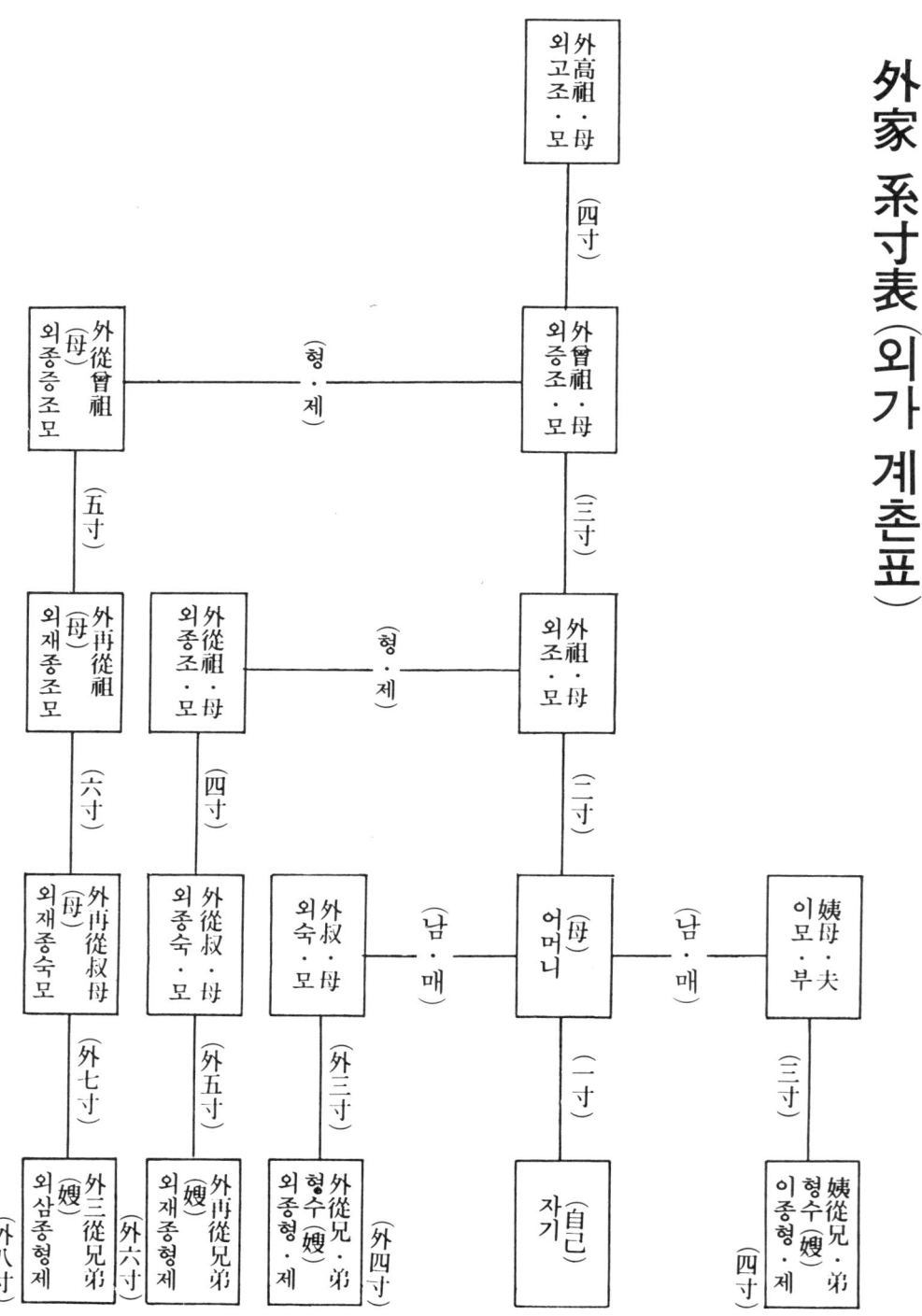

外高祖・母
외고조・모

(四寸)

外曾祖・母
외증조・모

(형・제)

外從曾祖母
외종증조모

(五寸)

(三寸)

外從祖・母
외종조・모

(형・제)

外祖・母
외조・모

外再從祖母
외재종조모

(六寸)

(四寸)

(二寸)

外從叔・母
외종숙・모

外叔・母
외숙・모

(남・매)

어머니
(母)

(남・매)

姨母・夫
이모・부

外再從叔母
외재종숙모

(外七寸)

(外五寸)

(外三寸)

(二寸)

(三寸)

外三從兄弟
外三從嫂
외삼종형제

外再從兄弟
外再從嫂
외재종형제

外從兄弟
外從嫂
외종형제

자기
(自己)

姨從兄・弟
姨從嫂
이종형・제

(外八寸)

(外六寸)

(外四寸)

(四寸)

수례 서식

축하

祝優勝(축우승)　祝發展(축발전)　祝榮轉(축영전)　祝當選(축당선)　祝入選(축입선)

사례

略禮(약례)　微衷(미충)　薄禮(박례)　薄謝(박사)　菲品(비품)

결혼식

賀儀(하의)　祝結婚(축결혼)　祝華婚(축화혼)　祝聖婚(축성혼)　祝盛典(축성전)

회갑연

祝回甲 (축회갑)　祝壽宴 (축수연)　壽儀 (수의)　祝禧筵 (축회연)　祝儀 (축의)

초상

奠儀 (전의)　香燭代 (향촉대)　吊儀 (조의)　賻儀 (부의)　謹吊 (근조)

대소상

薄儀 (박의)　菲品 (비품)　菲儀 (비의)　奠儀 (전의)　香奠 (향전)

제례(祭禮)

1、제사(祭祀)의 종류

시제(時祭)

계절에 따라 지내는 제사

시제(時祭)는 계절마다 중월(仲月)에 지내며, 전달 하순(下旬)에 날짜를 정한다. 날짜가 결정되면 재계(齋戒)하고, 희생(犧牲)을 살펴보고, 그릇을 씻고, 음식을 장만해야 한다. 새벽에 일어나 소채와 과실과 술과 반찬을 진설하고, 날이 밝으면 신주를 만들어 신위에 모신다.

이제(禰祭)

계추에 지내는 제사

계추(季秋)에 지내는 것이 이제(禰祭)이다. 제사 지낼 날짜는 전달 하순(下旬)에 정한다. 3일 전에 재계(齋戒)하고, 하루 먼저 신위를 만들고, 그릇을 진설하고, 음식을 장만해야 한다. 당일, 새벽에 일어나 채소와 실과와 술과 반찬을 진설한다. 날이 밝으면 새옷으로 갈아 입고 사당에 나아가 신주를 받들어 정침(正寢)에 모신다. 참신·강신·진찬·초헌·아헌·종헌·유식·합문·계문·수조(受胙)·사신·납주(納主)·철(徹)·준(餕)의 순서로 지낸다.

기제(忌祭)

부모께서 죽은 날 지내는 제사

하루 앞에 재계하고, 신위를 마련하고, 제기를 진설하고, 음식을 마련한다. 새벽에 일어나 채소와 실과와 술과 반찬을 진설한다. 날이 밝으면 주인 이하 깨끗한 옷으로 갈아 입고 사당에 나아가 신주를 받들어 정침(正寢)으로 모신다. 참신·강신·진찬·초헌·아헌·종헌·유식·합문·계문·사신이 끝나면, 신주를 도로 모시고, 모두 치운다. 이 날에는 술을 마시지 않고, 고기를 먹지 않으며, 가무를 하지 않는다.

묘제(墓祭)

삼월 상순에 묘 앞에서 지내는 제사

3월 상순(上旬)에 날짜를 정하고, 하루 앞에 재계(齋戒)하고 제물을 마련한다. 당일 새벽에 묘소를 깨끗이 하고, 자리를 깔고, 음식을 마련한다. 참신·강신을 한 다음, 초헌·아헌·종헌을 하고, 사신하고, 제물을 거둔다. 이보다 먼저 토지신(土地神)에 제사 지낸다. 자리를 깔고 제물을 진설한 뒤, 강신·참신하고, 삼헌(三獻)하고 사신한 다음, 모두 거두고 물러간다.

연시제(年始祭)

연시제는 정월 초하룻날 아침에 세배를 드리는 차례이다.

봉사자는 가족적인 관념이 가장 짙은 부모, 조부모, 배우자로 한다. 증조부모, 고조부모의 차례를 올려도 좋다.

차례를 올리는 방법은, 봉사 대상이 되는 여러 분을 한꺼번에 모시고 제사를 올린다. 그러나, 봉사 대상이 조부모, 부모, 배우자로 한정되어 있으므로, 진설은 조부모 내외분, 부모 내외분, 배우자로 제상을 각각 마련한다.

지방은, 합사할 때는 봉사 대상을 한 종이에 나란히 쓴다.

정초에는, 우리 나라 고유의 민속으로 어느 집에서나 먹으므로, 연시제에는 메 대신 떡국으로 올린다. 축문은 읽지 않으며 헌작(獻酌)도 한 번으로 한다.

한식 성묘(寒食省墓)

한식(寒食)은 청명(淸明) 다음 날로 동짓달로부터 백5일째 되는 날이다.

이 날은 조상에 제사를 지내고, 성묘를 가는 것으로 옛부터 전한다.

한식(寒食)이란 말은, 옛날 중국에서 동지(冬至) 뒤 백5일째 되는 날은 비와 바람이 심하다고 해서 불을 지피고 찬밥을 먹었었다는 풍속에서 연유한다. 원래, 성묘는 춘하추동(春夏秋冬)에 한 번씩 반드시 하는 것으로 날짜가 정해져 있다. 봄에는 한식, 여름에는 단오, 가을에는 추석, 겨울에는 음력 시월 초하루다. 한식날 성묘할 때에 분묘를 매만져 다듬는 것은 당연하다.

이장(移葬)을 해도 좋은 날인 청명일(淸明日)에 해도 무방하다.

추석절 제사(秋夕節祭祀)

추석은, 정월 명절과 함께 가장 큰 명절이다.

추석은 한가위, 가윗날, 중추절(仲秋節), 가배일(嘉俳日, 嘉優日)이라고도 한다. 음력으로 팔월 보름이면 더위는 물러가고 백곡이 익어 일년 중에 때보다도 풍성한 때다.

추석이 되면 가족들도 돌아와 조상에게 햇곡식으로 차린 차례를 올린 다음 성묘를 한다. 차례를 지내는 대상은 직계 조상으로 하며, 제수와 절차는 기제와 같다.

1. 강신 (降神)

강신이란, 신위께서 강림하시어 음식을 드시도록 청을 하는 것이다. 이에 앞서 제주가 신위를 모셔오고자 대문 밖에 나갔다가 들어와, 제사를 마친 후에 다시 신위를 배웅하느라 대문 밖까지 나갔다 오는 지방 풍속도 있다.

강신은, 제주 이하 모든 참사자가 차례대로 선 뒤에 제주가 신위 앞에 나아가 꿇어앉아 분향하고 우집사(右執事)가 술을 잔에 차지 않게 조금 따라 제주에게 주면, 제주는 받아서 모사(茅沙) 그릇 위에 나누어 붓고, 빈 잔은 우집사에게 다시 주고, 일어나서 두 번 절한다. 향을 피우는 것은 위에 계신 신을 모시는 것이고, 술을 따르는 것은 아래 계신 신을 모시는 것이다.

2. 참신 (參神)

참신은, 강신을 마친 뒤 제주 이하 모든 참사자가 두 번 절한다. 신주(神主)인 경우에는 참신을 먼저 하고, 지방(紙榜)인 경우에는 강신을 먼저 한다.

3、초헌 (初獻)

제주가 신위 앞에 나가 꿇어 앉아 분향한 뒤 좌집사 (左執事)가 잔을 제주에게 주면, 우집사가 잔에 술을 가득 붓고 제주는 강신할 때와 같이 오른 손으로 잔을 들어 모사에 조금씩 세 번 기울여 부은 뒤 두 손으로 받들어 집사에게 주면, 집사는 그것을 받아서 올린다.

먼저 고위 (考位 아버지위) 앞에 올리고, 두 번째 잔을 받아 서 비위 (妣位 어머니 위)에 올리고 저를 고른 후 재배한다.

4、독축 (讀祝)

독축이란, 축문을 읽는 것이다. 축문은 초헌이 끝난 다음 제주 이하 모든 제관이 꿇어 앉고 제주 앞에 축관이 앉아 읽는다. 축문은 엄숙한 분위기를 조성하는 것으로써, 목청을 가다듬어 천천히 크게 읽는다. 축문이 끝나면 일동은 곡을 하고 조금 있다가 모두 일어나 두 번 절한다.

5、아헌 (亞獻)

아헌이란, 두 번째 잔을 올리는 것으로, 주부가 사배하는 것이 예의이다. 주부가 올리기 어려울 때에는 제주의 다음 가는 근친자가 초헌처럼 한다. 축문은 읽지 않는다.

6、종헌 (終獻)

종헌이란, 마지막 잔을 올리는 것을 말한다. 종헌은, 아헌자 다음 가는 근친자가 아헌처럼 하며, 잔을 받아서 모사에 세 번 기울였다가 올린다.

가문에 따라서는 저(箸)를 고르기도 한다.

7、첨작 (添酌)

첨작은, 유식(侑食)이라고도 한다. 제주가 다시 신위 앞에 나아가 꿇어 앉으면 우집사가 다른 술잔에 술을 조금 따라 초헌자에게 주고, 이것을 좌집사가 잔을 받아 종헌자가 드릴 때에 채우지 않은 잔에 세 번으로 나누어 첨작하고 두 번 절한다.

8、계반삽시 (啓飯揷匙)

계반삽시란, 메 그릇의 뚜껑을 열어 놓고 수저를 꽂는 것으로, 수저 바닥을 동쪽으로 한다.

9、합문(闔門)

합문이란, 참사자 모두가 방을 나와 문을 닫는 것을 말한다. 대청에서 드릴 때에는 뜰 아래로 내려와 조용히 3、4분간 기다린다. 그러나, 부득이한 경우에는 제자리에 조용히 엎드려 있다가, 수 분 후에 세 번 기침하고 일어선다.

10、개문(開門)

계문이란, 문을 여는 것을 말한다. 제주가 기침을 세 번 하고 문을 열고 들어간다. 대청에서 드릴 때에는 대청으로 올라간다.

11、헌다(獻茶)

숭늉과 갱을 바꾸어 올리고, 메를 조금씩 세 번 놓고 저를 고른 뒤 참사자 일동이 2、3분간 읍(揖)하고 있다가 큰 기침을 하고 고개를 든다.

12、철시복반(撤匙復飯)

축관이 숭늉 그릇에 놓인 수저를 시접에 거두고, 메 그릇에 뚜껑을 덮고 이성을 고한다.

13、사신(辭神)

참사자 일동이 재배하고, 신주를 사당으로 모시고, 지방과 축을 불사른다.

14、철상(撤床)

철상이란, 모든 제수를 물리는 것으로, 뒤에서부터 물린다.

15、음복(飮福)

음복이란, 조상께서 내려 주신 복된 음식이란 뜻이다. 제사가 끝나면 참사자(參祀者)와 가족이 모여서 식사를 한다. 또한 음식을 친족과 이웃에 나누어 주며, 이웃 어른을 모시고 대접하기도 한다.

3、제물(祭物) 제기(祭器)

제물(祭物)

① 메 (밥)
② 삼탕 (三湯 소탕、 육탕、 어탕)
③ 삼적 (三炙 소적、 육적、 어적)
④ 채소 (菜蔬 삼색나물、 즉 콩나물、 숙주나물、 무나물)
⑤ 침채 (沈菜 동치미)
⑥ 청장 (淸醬)
⑥ 청밀 (淸密 꿀、 조청)
⑧ 병 (餠 백편)
⑨ 포 (脯 북어、 건대구、 건문어、 건전복、 암치、 오징어 육포)
⑩ 유과류 (油果類)、 산자 (饊子)、 채소 강정 (菜蔬糠精)
⑪ 당속류 (糖屬類 옥춘、 오화당、 원당、 빙당、 매화당、각당)
⑫ 다식 (茶食 녹말、 송화、 흑임자)
⑬ 전과 (煎果 연근、 생강、 유자)
⑭ 실과 (實果 생실과、 숙실과)
⑮ 제주 (祭酒 청주)
⑯ 갱수 (更水 숭늉)
⑰ 시접 (匙楪 수저 담는 놋그릇)

제기(祭器)

⑱ 모사 (茅沙)
⑲ 위패 (位牌)
⑳ 향로와 촛대

*변 (籩) 실과와 건육을 담는 제기。 대개 대나무로 굽을 높게 엮어서 만든다。

*두 (豆) 김치・젓갈을 담는 제기。 나무로 높게 만들고 뚜껑이 있다。

*병대 (餠臺) 떡을 담는 제기。 윗판은 사각형이고 대부분은 둥근 것과 모진 것이 있다。

*탕기 (湯器) 국을 담는 그릇。 여러가지 크기가 있고、 담는 국도 다르다。

*시접 (匙楪) 수저를 올려 놓는 제기。 제사에 앞서 수저로 이 시접을 세 번 가볍게 두드려 신령에게 고한다。

*모사기 (茅沙器) 모사를 담는 그릇。 우물정 (井) 자 모양으로 생겼고 폭이 넓다。

37

4. 제상 차리는 법

다.

*주배(酒杯) 술잔. 여러 가지가 있으나 모두 잔받침이 있다.

*준작(罇爵) 주기(酒器). 사기나 구리로 만든다. 꼭지가 있고 밑바탕에 굽이 있는 것을 이(彝)라고 한다. 준(罇)에는 소모양인 희준(犧罇)、코끼리 모양인 상준(象罇)등 여러 가지가 있다. 작(爵)은 새부리모양으로 생겨 술을 따르는데 쓰인다.

*향합(香盒) 향을 담는 그릇. 사기、놋쇠、나무 등으로 만들고、위아래 짝이 있다.

*향로(香爐) 향을 피우는 그릇. 제상보다 한 단 낮은 향상(香床)에 놓는다.

*상석(床石) 무덤 앞에 설치해 놓은 장방형의 돌. 또는、능침의 봉분 앞에 설치해 놓은 장방형의 돌.

제사상의 진설(陳設)은 옛부터 전하는 격식이 있다. 제사는 예식이다. 젯상(祭床)의 진설도 원칙에 맞도록 하며、아무렇게나 늘어 놓아서는 안 된다. 진설의 원칙도 우리의 일상 생활에서의 음식을 드는 것과 같다. 우리가 식사할 때 ❶ 먼저 술과 안주를 들고、❷ 식사를 하고、❸ 후식으로 과일이나 과자를 드는 것처럼 돌아가신 분에게도 이와 같은 순서로 음식을 권한다. 제사 지내는 순서도 이 원칙에 따르고、젯상에 음식차리는 것도 이 차례에 따른다.

神位 앞에서부터

제1열 主食 : 메(飯) : 밥、갱(羹) : 국

제2열 술안주 : 적(炙)、전(煎)

제3열 술안주와 반찬 : 탕(湯)

제4열 반찬 : 찬(김치·나물 등)

제5열 후식 : 과일、조과

제1열【메줄】

1 메(飯)가 좌측이고、갱(羹 : 국)이 우측이다.

2 시접(匙楪 : 수저)은 향하여 우측에 놓는다. 합설(合設)인 때에는 한그릇에 놓게 되므로 양위(兩位)의 중간에 놓는다. 잡는 자루가 오른쪽으로 가게 하여 술가락을 안으로 하여 젓가락과 같이 나란히 놓는다.

3 잔(盞盤)은 메와 갱의 사이、즉 신위(神位)의 정면이다.

4 면(麵 : 국수)은 좌측 가이고、병(餅 : 떡)은 우측 가이다. 떡을 들 때 필요한 조청은 떡그릇 옆에 놓는다.

제2열【안주】

1 적(炙)은 구운 것으로서 육적(肉炙)·어적(魚炙)·계적(鷄炙) 등이 있다.

2 전(煎)은 기름에 튀긴 것으로서 육전(肉煎)·소전(素煎)·어전(魚煎) 등이 있다.

3 어동육서(魚東肉西)라고 하여 육(肉)을 좌편에, 어(魚)를 우편에 놓고 두동미서(頭東尾西)라고 하여 머리가 동쪽으로 가게 놓는다. 방향을 말할 때에는 제청이 북쪽에 위치하고 남향하므로 우측이 동이며 좌측이 서다. 좌우라 할 때에는 언제고 향하여 말하는 것이며 좌가 상위이다.

김·생선 등도 이 줄에 놓는다. 삼색 나물이란 ❶ 고사리, ❷ 도라지 또는 무나물, ❸ 시금치 또는 숙주 나물이다.

일반적으로

* 건(乾)한 것이 좌, 습(濕)한 것이 우
* 생체(生菜)가 좌, 숙채(熟菜)가 우
* 산채(山菜::自然産)가 좌, 채소(재배한 것)가 우로 생

이러한 법칙은 음식을 상하의 위계를 따져서 상위(上位)의 것을 좌우(左右)에 놓는다는 원리이다. 그러나 음식이 많으면 서로 얼키어 따지기가 어렵다.

제3열【탕】

탕(湯)은 육탕(肉湯)·소탕(素湯)·어탕(魚湯) 등의 삼탕(三湯)을 보통 쓴다. 제사에 쓰는 탕은 일반 탕을 달량 담백하게 만들고 작은 그릇에 놓는다.

제4열【차줄】

제사에는 포(脯)가 반드시 따르게 마련이다. 좌포우혜(左脯右醢)라 하여 왼쪽에 포, 오른쪽에 식혜를 놓는다. 포와 식혜 사이에 침채(沈菜::김치)·숙채(熟菜::三色나물)·청장(淸醬::간장) 등을 놓는다.

제5열【과일】

과일은 실과(實菓)와 조과(造菓)로 나눌 수 있다. 실과(實菓)가 좌측, 조과(造菓::과자류)가 우측이며, 실과는 신이 만드는 것이므로 상위이다. 과일은 옛부터 조(棗)·율(栗)·시(柿)라고 하여 대추·밤·감을 으뜸으로 하여 좌로부터 놓는다. 그 외는 순서가 없되 복숭아는 안 쓴다. 조과(造菓)류는 옛날에는 다식·산자·강정 등을 썼다. 홀수로 한다. 과일 놓는 순서에 홍동백서(紅東白西), 조율이시(棗栗梨柿)라는 말도 있으며, 실과와 조과를 섞어서 놓는 집도 있다.

수저

편 갱 편 갱 꿀 떡
잔반 잔반

국수 전 육전 소적 채전

어적

육탕 소탕 어탕

포 콩나물 무나물 숙주나물 청장 침채 식혜

대추 밤 곳감 배 사과 유과 당과 다식

제주 잔 향반 향로 향합 축판

큰상 차리는 법 (회갑연)

돌상 차리는 법

사과
배
국수
쌀
떡
붓
돈
활
먹
벼루
책
청실홍실
무명

쌀／부유하게 잘 살기를 바라는 뜻

국수／잡수를 비는 뜻 장

대추／자손의 번창을 비는 뜻

책／학문을 잘하기를 비는 뜻

활／무사가 되기를 비는 뜻

붓・먹・벼루／명필이 되기를 비는 뜻

청실홍실／수명 장수를 기원하는 뜻

지방을 쓸때에는 몸을 청결하게 하고 깨끗한 백지에 먹으로 쓰며, 가로 6㎝、세로 22㎝ 정도로 한다。

남자의 지방을 쓸 때 벼슬이 없으면 學生(학생)을 쓰고, 벼슬이 있으면 그 관직을 쓴다。 부인의 경우는 정경부인을 유인 대신으로 쓴다。

남자 지방의 考(고)는 父(부)와 동일한 뜻으로 생전에는 부(父)라하고 사후에는 고(考)라 하며、비(妣)는 모(母)와 동일한 뜻으로 생전에는 모(母)라 하며 사후에는 비(妣)라

고 한다。 여자의 경우에는 유인(孺人)다음에는 본관 성씨를 쓰며、아내의 경우 자식이 있어도 남편이 제주가 되며、자식의 경우에는 손자가 있어도 아버지가 제주가 된다。

혹、재취로 하여 삼위 지방일 경우에는 왼쪽에 남자지방、중간에 본비의 지방、오른쪽에 재취비의 지방을 쓴다。

고조부모

顯高祖妣孺人全州李氏 神位
(현고조비유인전주이씨 신위)

顯高祖考學生府君 神位
(현고조고학생부군 신위)

증조부모

顯曾祖妣孺人密陽朴氏 神位
(현증조비유인밀양박씨 신위)

顯曾祖考學生府君 神位
(현증조고학생부군 신위)

조부모

顯祖妣孺人淸州韓氏 神位
(현조비유인청주한씨 신위)

顯祖考學生府君 神位
(현조고학생부군 신위)

45

顯妣孺人坡平尹氏神位 (현비유인파평윤씨신위)

顯考學生府君神位 (현고학생부군신위)

顯伯母孺人光山金氏神位 (현백모유인광산김씨신위)

顯伯父學生府君神位 (현백부학생부군신위)

顯叔母孺人安東金氏 神位
현숙모유인안동김씨신위

顯叔父學生府君 神位
현숙부학생부군신위

顯兄嫂孺人全州李氏 神位
현형수유인전주이씨신위

顯兄學生府君 神位
현형학생부군신위

顯(현)辟(벽)學(학)生(생)府(부)君(군)神位(신위)

故(고)室(실)孺(유)人(인)海(해)州(주)吳(오)氏(씨)神位(신위)

48

동 생

亡(망)弟(제)學(학)生(생)明(명)夫(부)神(신)位(위)

자 식

亡(망)子(자)秀(수)才(재)永(영)德(덕)之(지)靈(령)

49

* 한글 지방 쓰는 법

고조부모

고조할머님 전주 이씨 신위
고조할아버님 신위

증조부모

증조할머님 밀양 박씨 신위
증조할아버님 신위

조부모

할머님 청주 한씨 신위
할아버님 신위

부 모

어머님 파평 윤씨 신위
아버님 신위

백 부 모

백모님 광산 김씨 신위
백부님 신위

숙 부 모

숙모님 안동 김씨 신위
숙부님 신위

형 · 형수　형수님 전주 이씨　신위

형님　신위

남편　부군　신위

아내　고실 해주 오씨　신위

동생　망제 명부　신위

자식　망자 영덕　지령

상례 (喪禮)

상례 절차

1. 초종(初終)

부모의 병환이 침중하여 머지 않아 운명을 할 기색이 보이면 자손을 비롯하여 가까운 일가들이 한자리에 모여 임종을 지켜야 한다. 자식들이 멀리 떨어져 있으면 전보 같은 것을 쳐서 속히 오도록 하며, 부모의 임종을 못하면 불효막심한 죄책감을 느끼게 마련이다.

환자를 정침(正寢)으로 옮긴 다음 옷을 깨끗한 것으로 갈아 입히고, 환자의 옆을 떠나지 않고, 식구들은 경건히 임종을 기다려야 한다.

2. 고복(皐復)

고복은 초혼(招魂)이라고 하여 망인의 혼을불러들이는 의식이다. 이 초혼은 시체를 보지 않은 사람이 불러야 하는데 그 방법은 다음과 같다.

죽은 사람의 윗옷, 즉 입던 옷을 들고 집앞 처마로부터 지붕의 대마루에 올라가 왼손으로는 옷깃을 잡고 오른손으로는 옷의 허리를 잡고 북쪽을 향하여 옷을 휘두르며, 〈고(皐) 학생 某公·복(復)〉하고 세 번을 부른다.

예를 들면, 벼슬을 하지 않은 남자라면 전주 이씨인 경우 〈고 모관모공 복(皐 學生全州李公·復)〉이라고 세차례를 불러야 하며, 망인이 관직이 있었을 때는 〈고 정헌대부 전주 이공복(皐 正憲大夫全州李公復)〉이라고 하거나, 군수(郡守)를 지냈다면 〈고 군수 전주이공복(皐 郡守全州李公復)〉이렇게 부르며 옷을 세번 휘둘러야 한다.

망인이 여자일 경우에는 안동 김씨 (安東金氏)라면 〈고유인 안동김씨 복(皐 孺人安東金氏復)〉라고 세번 외치는 것과 동시에 옷을 세번 휘둘러야 한다.

남편이 벼슬을 하였다면 남편의 관직을 넣어 부르는데, 예를 들면 남편이 군수를 지냈다고 할 때 〈고 군수부인 안동김씨 복(皐 郡守夫人安東金氏復)〉이라고 하면 되는데, 이런것은 하나의 격식이고, 그대로 〈고 유인 안동김씨 복(皐 孺人 安東金氏復)〉하면 된다.

초혼이 끝났으면 시체를 시상에 모셔야 하는데, 모실 때는 머리를 남쪽으로 두고 몸전체를 바르게 한 다음, 이불을 머리까지 덮어 두고는 병풍으로 둘러 막아 시체가 보이지 않게 한다.

3. 발상(發喪)

초혼을 부른 뒤에는 상제들이 머리를 풀고 곡을 하며 초상을 발표해야 한다. 발상에는 장자, 즉 큰아들이 상주가 되어야 하며, 장자가 사망했으면 맏손자가 상주를 맡아야 한다. 망인의 자녀와 자부는 모두 머리를 풀어야 하는데 출계(出系)한 아들이나 시집간 딸은 머리를 풀지 않으며 아들들은 두루마기를 입되 아버지가 죽었으면 왼편 팔을 빼고, 망인이 어머니일 경우에는 오른편 팔을 빼야 한다.

집안 어른이 죽었으면 친척이나 친지들에게 알려야 하는데, 신문에다 부고(訃告)를 낼 때면 개별 부고는 내지 않고 신문에 광고를 내지 않을 때는 개별 부고로 내며 가까운 곳에는 인편으로 보내고, 멀리 떨어져 있는 친지들에게는 우편으로 보내는게 통례이다.

⑤ 행전(行纏)…바지 고의를 입을 때 정강이에 감아 무릎 아래에 매는 것.

⑥ 요대(腰帶)、대대(大帶)…허리띠、심의(도포) 띠.

⑦ 침(枕)…벼개. 속은 모래를 넣을 것.

⑧ 충이충비…참솜으로 시체의 코와 귀를 막는 것.

⑨ 조갑랑…손톱、발톱 넣은 베 주머니.

⑩ 신…베나 종이로 만들 것. 시체에 신긴다.

⑪ 관(冠)…종이로 만들 것.

⑫ 망건(網巾)…명주나 종이로 만들어서 사방에 끈을 달아서 만든다.

⑬ 멱목(帖目)…명주베로 낯이 덮힐 만치 마련하여 네 귀에 끈을 달 것.

⑭ 악수(幄手)…명주베로 손등 덮힐 만치 하여 끈을 달아 두 개를 만들 것.

⑮ 염이불…삼베 세폭으로 하되 다른 폭을 시체 길이에 맞추어 할 것.

⑯ 함영…명주베로 턱밑을 받칠만한 정도로 겹으로 만들어서 끈을 달고 안에는 모래를 넣을 것.

⑰ 향탕수(香湯水)… 향나무 삶은 물.

⑱ 수건 세개…머리맡과 시체 상하에 각각 하나씩 넣는다.

⑲ 빗、댕기、버드나무비녀(안 상제용)…한 개씩을 준비하여 머리맡에 놓는다.

4. 습렴(襲殮)

습렴은 시체를 씻기고 수의(壽衣)를 입히고 염포(殮布)를 가지고 시체를 뮤는 것을 말한다. 습렴에 필요한 제구와 마련할 자리를 알아 보면 다음과 같다.

① 염포…염 할때 시체를 뮤을 베 한필이 필요하다.

② 심의…고사(高士)의 웃옷 심의가 없으면 도포.

③ 염의…상하 의복.

④ 말…버선.

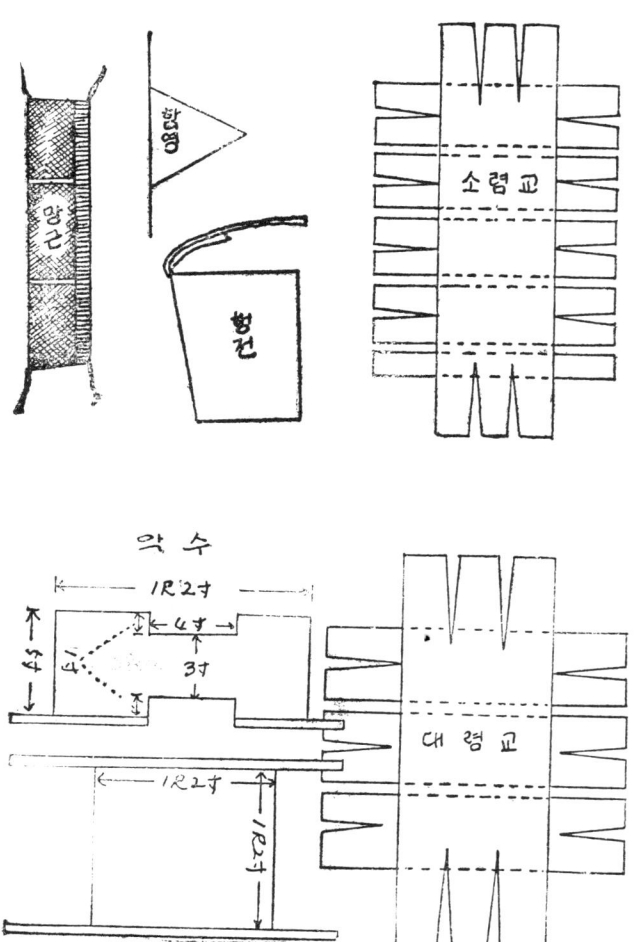

악 수

소렴교

대렴교

망건

한영

탕건

1尺2寸

4寸

4寸

3寸

1尺2寸

1尺2寸

⑳ 반함 (飯含) … 상주가 곡을 하며 망인의 입에 쌀과 구슬을 넣는 일에 쓰는 버드나무 숟가락 한개、백미 한홉、무공주(無孔珠) 세개를 준비하여 놓는다.

덮고 신을 신기고 심의를 두어 여미되 오른편으로 여미고요 대(腰帶)、대대(大帶)를 동심결(同心結)로 매고 악수(幄手)를 매는데、이것이 졸습예필(卒襲禮畢)이다.

5。 설전 (設奠)

설전이란、장례 전에 영좌에 주과를 차려 놓는 것을 말한다. 이 설전에 있어서 주과(酒果)、포혜(脯醯)、우포(右脯)、좌혜(左醢)를 생시와 같이 집사가 손 씻고 잔을 올리고 상제 이하 모두가 애곡한다. 그리고、맏상제가 반함(飯含)한다.

6。 반함 (飯含)

맏상제가 손 씻고 무공주 담은 그릇을 받들고 사환은 쌀 담은 그릇에 버드나무 숟가락을 꽂아 가지고 들어가서 시체 면상을 덮고、상인은 시체 동편 발치로부터 서편(西便)으로 덮것을 들고、좆아 올라와서 동면하고 앉아서 시면(屍面)에 놓고、버드나무 숟가락으로 쌀을 조금 떠서 입 오른편에 넣고、무공주 한 개를 넣고、입 왼편에도 쌀 조금과 무공주 한 개를 넣고、입 가운데에도 쌀 조금과 무공주 한 개를 넣는다.

이것이 반함(飯含)인데、이 예를 마친 뒤에 상인은 도로 나오고 사환이 햇솜을 면주(綿紬)에 싸서 턱아래를 보공(補空)하고 먹건(帖巾)을 씌운다. 다음 거충이하고 먹목(帖目)을

7。 소렴 (小殮)

소렴은 시체를 의금으로 싸는 것이다. 염포 스무 자로 정한 침석을 만들어 놓고 염포 횡포 네 폭 반、다음은 장포 한 폭을 놓고 상하 두 끝을 가르면 상하가 두 조각이 난다. 그 다음은 자제가 시체를 받들어서 설비한 위에 안정히 모시고、나머지 의복이 있으면 시체를 덮어 외쪽으로 여미되 고름을 매지 말고 소렴음(小殮衾)으로 싸고 장포(長布)를 결고(結絞)한 다음에、횡베를 맺는다. 이것으로 소렴의 예는 끝난다.

8。 대렴 (大殮)

대렴 예식이란、즉 입관식(入棺式)을 말한다. 권명(厥明)에 집사가 먼저 소렴시전(小殮時奠)에 올린 것을 물리고 대렴식을 준비할 때 역부(役夫)가 관을 가져다가 중당(中堂)에 놓고 먼저 출회(秩灰…차조의 짚을 태운 재. 관 밑에 까는데 쓴다)를 관 속에 펴서 고르게 하고 그 위에 두터운 벽지를 편 다음 지욕(地褥…관속에 까는 요)을 펴고、베개를 놓는다. 대렴포는 침척(針尺)으로 서른 자로 소렴포보다 길게 하고、먼저 횡베 세 폭을 매일폭(每一幅)의 양끝을 반을

가르면 좌우가 각각 여섯 쪽이 나는데, 한 쪽은 제하여 쓰지
않고 좌우 각 다섯 폭만으로 장포 한 폭을 놓고 상하 양끝을
각 셋에 맨 다음 대렴금으로 펴고, 또 상의와 심의를 놓고 자
제가 사환과 같이 소렴한 시체를 받들어서 위에 모셔 놓는
다. 다음 먼저 발을 여미고 다음에 머리를 여미되 좌편을 먼
저 하고 우편을 다음에 한다. 먼저 긴매를 맺고 또 횡베를 맺
어 받들어 입관하고, 오량을 관 상하에 넣은 다음 생시에 쓰
던 의복, 물건, 포백 등으로 관 속의 빈 곳을 채우고, 천금 (天
衾)을 덮은 후에 안팎 상제와 모든 복인이 관앞에 서서 애곡
한 다음 천개 (天蓋·관뚜껑)를 덮고 은정 (隱釘)을 박고 정
침(正寢)에 관을 모신다. 다음 천금으로 관을 덮고 명정 (銘
旌)을 써서 관 동편에 세우고 영좌를 배설하고 전을 올리며
소렴 때의 절차와 같이 하고, 상제 이하가 상차 (喪次)에 나
가 있으되 요질 (腰絰…삼으로 만든 허리띠)과 수질(首絰…삼
으로 만든 머리 띠)을 벗지 않고 대곡을 폐지하여 이 때부터
조석곡을 시작한다.

9. 영좌 (靈座)

정침에 관을 모시고 그 앞에 휘장치고 영좌를 배설하되 교
의, 젯상, 향로, 향합, 촛대 한 쌍, 모사기, 띠, 수건, 망령의 생
시 쓰시던 기물을 생시와 같이 다 갖다 놓는다.

① 명정 (銘旌)…명정은 홍색 비단이나 명주로 침척석 자
가량하여 분을 애교품에 타서 글을 쓰고 상하는 대를넣어서
짚는다. 그 서식은 다음과 같다.

②
학 생 모 관 모 공 지 구
学生某貫某公之柩 (男子)
유 인 모 관 모 씨 지 구
孺人某貫某氏之柩 (女子)

③ 혼백 (魂魄)…혼백은 가주 안에 지위를 모시고
에 가주를 끼고 혼백상에 담아서 젯상 위에 조위를 놓고
모시는 것.

③ 지위 (紙位)
외간상에는
顯 考 学 生 府 君 神位
내간상에는
顯 妣 孺 人 達城 徐氏 神位

④ 동심결 (同心結)…오색실을 양척 한 자 반 길이를 합
해서 실가락 한 가운데를 손가락에 두 번 감아서 고리
둘을 내고 다시 좌편 실가락을 잡아 위로 돌려서 좌편
고리를 내고 우편 실가락을 잡아 우로 돌려서 우편 고리
를 내고, 다시 좌편 실가락을 잡아 좌편 고리에 끼어 올
려 잡고, 우편 실가락을 잡아 좌편 실가락에 엎어 밑에
우편 고리 위로 밑으로 끼어 좌편 실가락 가운데
서 위에 있는 쌍고리 가운데로 끼어 올려 좌편 실가락
엎힌 사이로 끼어서 고르게 당기면 앞에는 井자가 되고
뒤에는 十자가 되는데 이것을 동심결이라 한다. 동심결
위의 쌍고리 곁에 고리에 가주를 끼어 맞도록 고을 것.

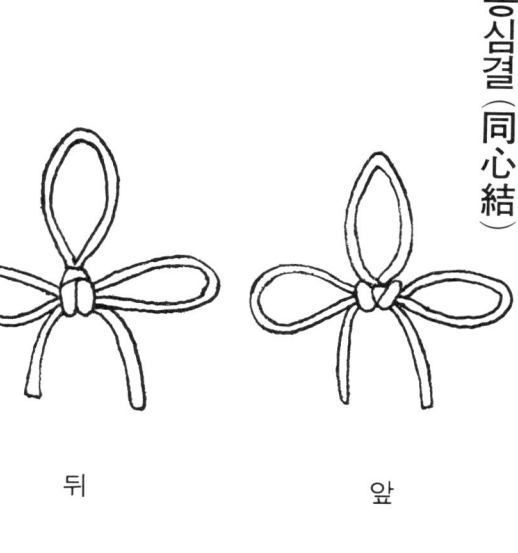

뒤   앞

⑤ 혼백상자 (魂魄箱子) …혼백상자는 종이 서너 겹으로 밑바닥에 붙인 종이는 사방 여섯치로 하고, 높이는 다섯 여섯푼 가량으로 하고, 뒷바탕은 사방 여섯치 오 푼 가량 되게 한다. 앞에는 전(前)이라 쓰고 복판에 는 손잡이를 할 것.

⑥ 두건 (頭巾) …삼베를 머리에 맞추어 끈으로 끊어서 양끝을 맞 추어 접고 한가운데를 중심하여 왼편 위로 접고 오른 편은 아래로 접어 합하여 위를 막아 기워서 뒤집을 것.

⑦ 상관 (喪冠) …상관 (천대) 은 삼베를 침척으로 한자 두 치 가량 끊어서 삼베폭을 네쪽으로 갈라서 종이 두벌 을 삼베 한쪽 편에다가 부하여 잘 마른 다음에 머리에 맞추어 끝을 포개 접고, 하나는 줄이 셋이 되게 겹쳐 서 종이로 부하여 잘 마른 다음에 한가운데를 호와서 양쪽 끝을 곱쳐서 머리에 맞추어, 깁은 부한 것에 전 후로 붙여 깁고 삼노끈을 그 위에 돌려 매되 좌우에 끝이 있도록 하여 실로 끈에 매고, 그 위에 수질을 끼우되 떠매지 말 것.

⑧ 수질 (首経) …삼으로 한발 가량 되도록 새끼 꼬듯 꽈 서 상관에 맞게 하되 외상에는 삼뿌리가 오른편으로 향하여 아래로 가게 매고 내상에는 삼뿌리가 왼편으 로 향하여 위로 있게 하고 끈에는 수실이 가게 매는 것.

⑨ 요질 (腰経) …삼으로 한발 가량 되도록 만들되 양쪽 끝 에 목척 한 자 가량은 꼬지 말고 수실을 하고, 매는 끈 은 별도로 할 것. 안상주는 수질과 요질만 사용하고 내간상에는 오동 나무로 할 것.

⑩ 상복 (喪服) …상복 칫수는 주척으로 재는 것이나 상주 몸에 맞추어서 끊는 것이 좋다.

혼백 (魂帛) 접는 법

혼백은 베 (麻布) 한폭 (全幅) 과 길이 (長) 一척三촌 (一尺三 寸) 을 쓰는데 길이 (長) 를 一촌五푼 (二寸五分) 씩 여덟겹으 로 접으면 남는 것이 一촌 (寸) 이 된다.

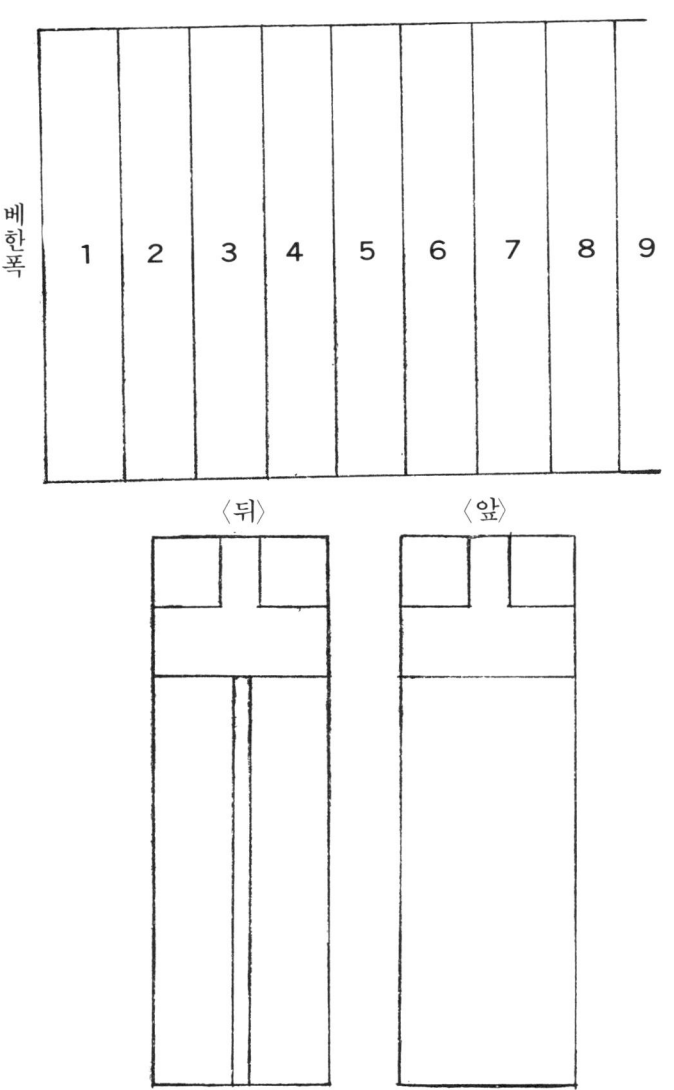

베한폭

| 1 | 2 | 3 | 4 | 5 | 6 | 7 | 8 | 9 |

〈뒤〉　　〈앞〉

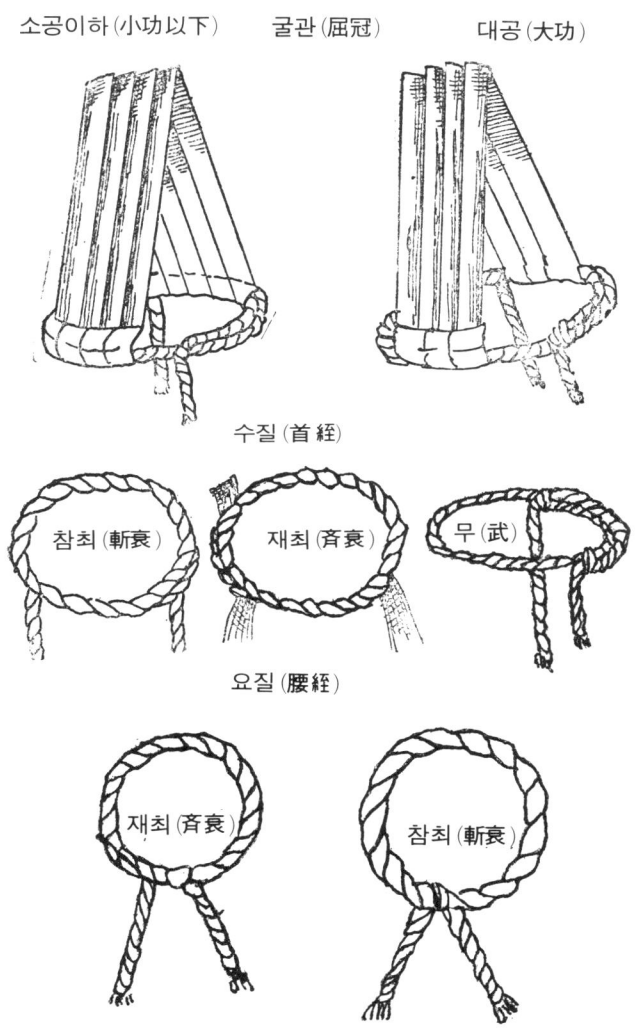

소공이하(小功以下) 굴관(屈冠) 대공(大功)

수질(首経)

참최(斬衰) 재최(斉衰) 무(武)

요질(腰経)

재최(斉衰) 참최(斬衰)

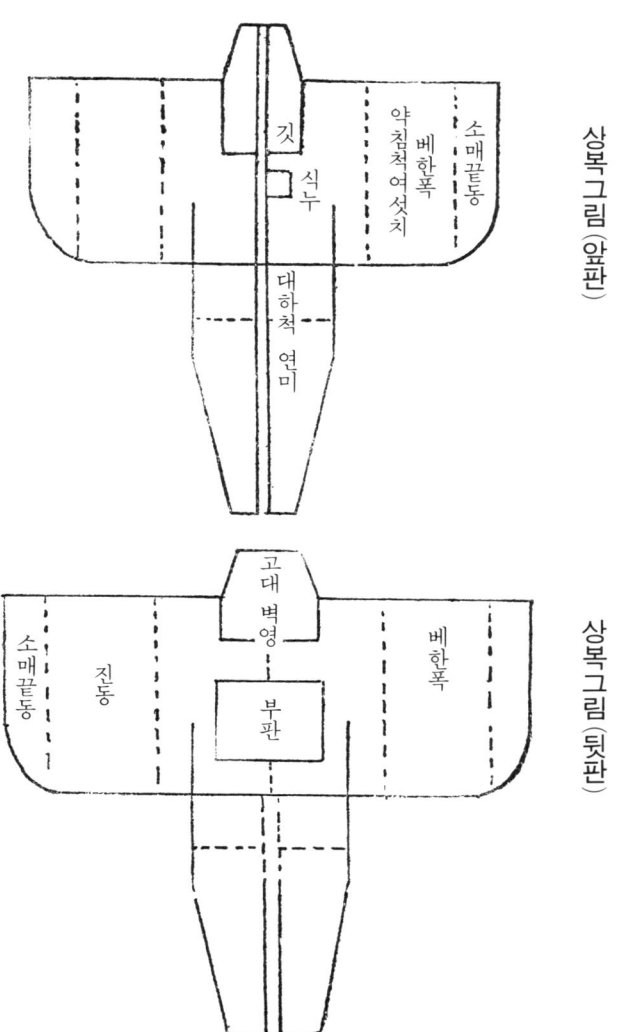

상복그림 (앞판)

깃
식누
베한폭
약침척여섯치
소매끝동
대하척 연미

상복그림 (뒷판)

고대 벽영
부판
소매끝동
진동
베한폭

이것을 펴서 편리상 도포와 같은 순위를 정하여 도포 一과 같이 접기 시작한다.

① 도포의 번호 一을 번호 二와 맞닿게 접음.

② 번호 三을 반등분 하되 三이 보이게 접어 一의 뒷면으로 가게 접는다.

③ 번호 四를 접되 四가 보이게 하여 二의 뒤에 가게 접어야 한다.

④ 번호 五의 중간을 접되 五가 속으로 들어가게 접어서 一의 뒷면에 가서 三과 마주되게 접으면 번호 五는 보이지 않게 된다.

⑤ 번호 六과 번호 四가 서로 맞닿게 되면, 즉 그렇게 접으면 六은 자연히 보이지 않게 된다.

⑥ 번호 七은 접어서 번호 六의 뒷면에 붙이면 七은 보이게 된다.

⑦ 번호 八을 七과 맞닿게 붙여야 한다.

⑧ 번호 四와 六의 사이를 벌리고 가로(橫)의 윗변(上邊)을 一촌(寸)으로 접어 四와 六에 붙게 안으로 접어야 하며.

⑨ 번호 七과 번호 八의 사이를 벌리고 가로(橫)의 아랫변(下邊)을 一촌 접어서 七과 八이 붙게 안으로 접고 벌리기 전대로 접는다.

⑩ 번호 九를 접되 번호 四의 아랫변(下邊)과 윗변(上邊) 접은 것을 싸서 꽂으면 된다.

⑪ 도포 二와 같이 위 (上)를 백지로 표시하되 번호 八의 뒷면이 앞으로 가게 하는 것이다.

10. 성복예식(成服禮式)

옛날에는 성복은 운명한 四일만에 하는 것이 보통이었으나 현재는 형편을 따라 대략한 이튿날 하고 있다.

상인 이하 안팎 복인이 각각 상복을 입고 상차에 나가 조곡(朝哭) 한 뒤에 조전(朝奠) 올릴 때 겸하여 성복제전(成服祭奠)을 올리기도 하고 혹은 조상식(朝上食)에 겸하여 올리기도 하는데 대개는 상복 준비로 말미암아 따로 성복제전(成服祭奠)을 올린다. 혼백(魂帛)을 교의(交椅)에 모시고 집사하는 이가 제물을 진설(陳設)하고 잔을 올리는데 상인과 복인이 자서제질(子婿弟姪)의 차례로 잔을 올리고 곡재배(哭再拜)하고 지구(知舊)도 분향재배하며 내외상인(內外喪人)이 상향곡(相向哭)하여 조상하고, 제자손(諸子孫)이 조부와 백숙부 앞에 엎드려 곡하고, 또 조모와 백숙모 앞에 나아가 곡하는 데 안 상인도 조모와 백숙모 앞에 나아가 애곡하고 친척 지구들도 조상한다. 초상 때 성복 전에는 조례와 배례를 않는다.

11. 출빈(出殯)

성복한 후 성빈(成殯) 하는데 출빈할 때 안팎 상인과 복인이 다 애곡하며 성빈한 뒤 전을 올리고 조석으로 가서 곡 재배한다.

(빈소)…객실에나 밖에 빈소를 설치하되 방안에 흰종이로 도배하고 자리를 깨끗하게 편 뒤에 병풍을 안벽에 붙이고 제상을 놓고 제상 위에는 조위(造位)를 놓고 혼백을 모신 뒤에 혼백 앞에 잔과 실과를 항상 차려 놓고 제상 밑에 향탁을 놓고 그 위에 향로와 향합과 모사를 놓고 제상 위에는 앙장을 치고 앞에는 명주나 혹은 종이로 주름을 치고 방안 서편으로 침구를 두고, 젯상 동서로 망인의 의관과 연죽과 신발과 짝지를 항상 설치한다. 빈소 방문은 흰 종이로 밖을 바르고 빈소방 앞 동편에 자리잡고 일상 시빈한다. 빈소 밖 동쪽 뜰에는 대나 제립으로 채면을 하고 상주는 빈소방

12. 조상(弔喪)

조객이 조복(옛법에는 白衣白帶)을 하고 전헌(奠獻)할 술과 과실 등의 조물(弔物)과 제문을 가지고 와서 온 뜻을 전하면 상인 이하가 다 곡하고 호상이 나와서 조객을 인도하여 영좌에 들어가 곡재배한 다음 분향하고 잔을 올리고 제문을 읽는다. 예를 마치고 나면 조객과 상인이 서로 마주 곡하고, 객이 먼저 재배하고 상인이 머리를 조아리며 재배한 뒤 객이 다시 답배한다. 다음 객이 상사의 놀라움을 말하고 상인은 저의 죄역(罪逆)을 말하고 다시 재배하면 객이 먼저 그치면서 상인을 위로하고 물러가면 상인은 다시 곡하고 객을 보낸다.

조상(弔喪)은 원칙적으로 성복(成服) 후에 하는 것이 예의이다. 성복 전에는 가까운 일가 친척들이나 평소에 다정했던 친구들만이 찾아와 상주에게만 인사를 하고 시체에 대해서는 절을 하지 않는다. 성복 후라도 조객이 고인과 면식이 없을 때는 빈소(殯所)에 절을 하지 않고 상주에게만 인사를 한다.

13. 장례(葬禮)

호상(護喪)은 미리 상주와 의논을 하여 장지 즉 묘지를 선정해야 한다. 택조(宅兆)는 묘지를 일컫는 말인데 혼히들 택조를 가린다고 하여 풍수설을 뒷받침한 터를 찾는 것으로 상식화 되어 있으나 원칙적으로 따지면 후손들에게 복락(福樂)이 있는 좋은 땅을 묘지로 선택하기 보다는 그 땅이 좋고 나쁜 것을 가리는데 중점을 두는게 좋다. 예를 들어 선대(先代)를 받들 생각은 하지 않고 자신들의 영화만을 위해 산소를 쓴다면 그것은 효가 아니고 오히려 불효가 되지 않느냐 하는 말도 있으나 다음 다섯 가지에 대한 점에만 주의하여 환경좋고 토질이 좋은 터에 모시면 되는 것이다.

묘지를 이룬 다음에 길이(道路) 생기지 않을 곳을 가려야 하며 또 묘지 주변에 마을이 생겨 나거나 연못 같은게 생기지 않을 곳을 택하는게 좋고 밭을 일구지 않을 곳을 택하여 결정을 보았으면 미리 친척과 사돈 혹은 아주 가까운 친구들에게 알려야 한다. 묘지가 결정이 되었으면 천광(穿壙)과 회격(灰隔)을 해야

＊상문시 인사법

조객, 병환이 침중 하시더니 상사(喪事)까지 당하시니 얼마나 망극 하십니까.

상주, 망극 하기 한이 없습니다.

조객, 돌연히 상사를 당하시여 얼마나 망극하오이까.

상주, 시탕 한번 제대로 효성 있게 해 드리지 못해 불효한 죄 크옵니다.

조객, 항상 객지에 나가 있다가 상주를 당하여 더욱 망극 하시겠습니다.

상주, 일에 쪼들려 모시고 봉양 못 한게 한이더니 또 이런 불효를 저질렀으니 몸둘바를 모르겠아옵니다.

존장(尊長)에게

조객, 상주께 인사 드릴 말씀이 없습니다.

상주, 상봉하솔에 앞이 캄캄 합니다.

조객, 얼마나 섭섭하겠읍니까.

상주, 신세가 한탄스럽습니다.

부상(夫喪)에

조객, 상사에 여쭐 말이 없읍니다.

상주, 꿈결만 같고 살아 나갈 일이 격정입니다.

조객, 천붕지통(天崩之痛)이 오죽 하겠읍니까.

상주, 제가 박복하여 아까운 장부가 요수(夭壽)것이 한이 되옵니다.

상처 했을 때 조객과 상주가 주고 받는 말

조객, 얼마나 상심이 되십니까.

상주, 인사 받기가 부끄럽습니다.

조객, 참척(慘慽)을 보시니 오죽이나 비감하십니까.

상주, 가문이 불길하여 이런 일을 당하니 비참할 따름 입니다.

어린 사람이 죽었을 때

조객, 얼마나 마음이 아프시겠읍니까.

상주, 잊으려 해도 자꾸 기억이 되살아 납니다.

조객, 중씨(仲氏)〈혹은 계씨(季氏)〉의 상을 당하여 얼마나 애통되십니까.

상주, 부모님께 득죄한 것 같아 죄송합니다.

조객, 복제(服制) 말씀 무어라 말씀드릴 수 없읍니다.

상주, 올릴 말씀 없읍니다.

형제우상

조객, 소상(小祥)〈혹은 대상(大祥)〉을 당하시니 얼마나 망극 하십니까.

상주, 망극할 따름이옵니다.

하는데 주인이 아침곡을 한 다음 집사자를 거느리고 택한 산지(山地)에 가서 산소지경(山所地鏡)을 마련한 다음 남문(南門)으로 되게 표목을 세워야 한다. 표목은 두개를 세운다.

이때 향배(向背)는 묻지 않고 다만 앞을 남이라고만 하고 그런 다음에는 뒤와 중앙에도 표목을 끼운다.

이렇게 산소지경(山所地鏡)을 열었으면 토신제(土神祭)를 올려야 한다. 토신제는 상가(喪家)의 먼 친척이나 손님중에서 한 사람을 택하여 제사를 지내게 하는데 가운데 표목 왼편에 남쪽을 향하여 제상을 마련하고 술, 과일, 포, 해(醢)를 상위에 차려 놓는다. 제주는 길복(吉服)을 하고 제상이 있는 위(位) 앞에 꿇어 앉아 강신(降神)을 하는데 이 강신은 술을 잔에 부어 땅에다 뿌리는 것이다. 강신을 한다음 두번 절하고 또 꿇어 앉아 술을 부어 제상의 위앞에 올리고 정저(正箸)를 한다음 축을 읽는다. 이때의 술잔은 단잔이다.

축문은 토지신을 산신축(山神祝)、참파토축(斬破土祝)、개토축(開土祝)이라고도 하는데 축을 다 읽었으면 하저(下箸)하고 또 두번 절을 한다.

산신제(山神祭)에는 분향(焚香)이 없는데 미치는 후토(後土)즉 토지신은 땅의 신이기 때문에 음(陰)에 속하며 불은 양(陽)에 속하는데 분향을 하면 바로 양이 생기므로 음인 토지신과는 상극이 되는 법이다. 그러므로 산신제에 있어서는 절대로 분향은 하지 않는다. 산신제가 끝났으면 땅을 파서 광중(壙中)을 만들고 회(灰)를 다진다.

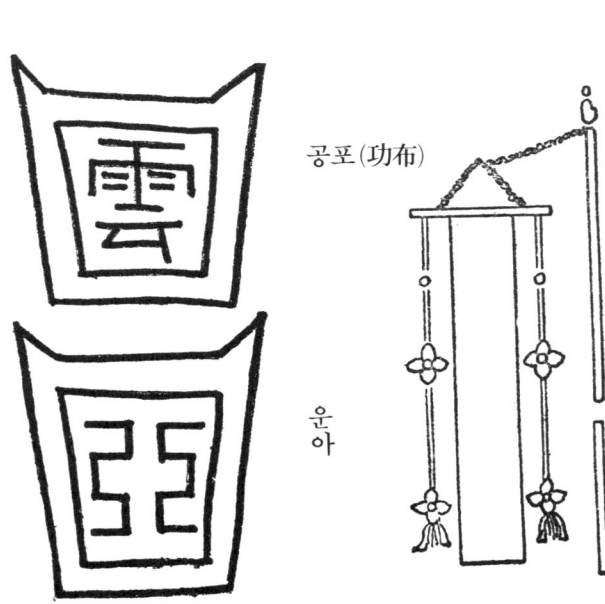

공포(功布)

운아

14. 발인 (發靷)

발인 전날 새벽에 빈소를 열고 계빈축 (啓殯祝) 을 읽는다.

계빈축 (啓殯祝)

啓殯祝…今以吉辰遷柩敢告(妻以下는 玆告)
금 이 길 진 천 구 감 고 처 이 하 자 고

발인날 새벽에 사당을 하직하는 절차로 조조축 (朝祖祝) 을 읽는데 가묘 (家廟) 가 없으면 행하지 않는다.

또 천구축 (遷柩祝) 을 읽는데 이것은 관 (棺) 을 청사 (廳事) 로 옮긴다는 뜻이며 청사가 없으면 관머리를 세번 들었다 놓았다 한다.

천구축 (遷柩祝) 청사 (廳事)

遷柩祝…請遷柩于聽事

그리고 나서 조전 (祖奠) 을 올리고 축을 읽는다. (친척, 지구간이 모두 참례한다).

일포시설조전고사 (日脯時設祖奠告詞)

日脯時設祖奠告詞…永遷之禮靈辰不留今奉柩車式遵祖道
영 천 지 례 영 진 불 류 금 봉 구 거 식 준 조 도

관을 내모실 때 천구취여축 (遷柩就轝祝) 을 읽는다.

천구취여축 (遷柩就轝祝)

遷柩就轝祝…今遷柩就轝敢告
금 천 구 취 여 감 고

관을 모시고 문밖으로 나와 영이 (靈輀) 에 모시고 견전축 (遣奠祝) 을 읽는다.

67

遣奠祝…靈輀旣駕往卽幽宅載陳遣禮永訣終天
<small>견 전 축 영 이 기 가 왕 즉 유 댁 재 진 견 례 영 결 종 천</small>

（妻喪<small>에는</small> 永訣終天<small>을</small> 不勝感愴 子喪<small>에는</small> 心焉如毀 弟喪<small>에는</small>
<small>처 상 영 결 종 천 불 승 감 창 자 상 심 언 여 훼 제 상</small>

悲不自勝<small>이라 한다。</small>）
<small>비 불 자 승</small>

조전(祖奠)

조전은 발인(發靷) 전날 저녁에 지내야 하는 의식으로 제상을 마련하고 상주가 분향 재배 한 다음 조전축(祖奠祝)을 읽고 제 자리에 돌아오면 조전제에 참여한 사람들도 일제히 곡을 하고 재배를 한다.

천구취여(遷柩就輿)의 절차

제례를 집행하는 집사자가 조전제가 끝나면 제상을 치운다. 그런 다음 천구취여축(遷柩就輿祝)을 읽는데 의식은 망인 시체를 상여(喪輿)나 장의사에 신는 의식이다. 천구취여 축을 읽는 다음에는 영좌를 옮기어 상여나 장의차에 실으며 집사자는 혼백(魂魄)을 받들어 나가야 하고 망인의 친척들이나 상례객들이 의자나 탁자 혹은 향안 같은 것을 들고 가면 부인들은 물러가야 한다. 이때 묘지에 가서 일을 할 인부들 즉 상두꾼들은 널을 옮기어 상여에 실어야 한다. 이때 상주는 곡하며 널이 제대로 실려지는가를 살펴 보아야 하며 집사자는 영좌를 널 앞으로 옮긴 다음 혼백은 영좌에다 편안히 모셔야 한다.

견전례(遣奠禮)

영구를 옮기고 혼백을 영좌에 모셨으면 제상에 제수를 차려 놓아야 하는데 이때의 제수는 과일, 나물, 포, 식혜이며 단작으로 상주가 제사를 지내고, 다음에 가까운 친척으로 부터면 친척 그런 다음 조객들이 차례로 분향을 하며 재배하는데 상주가 단작으로 제사를 지낼 때도 향을 피워야 한다.

조객들은 먼저 영구에다가 분향하고 재배를 한 다음에 상주에게 인사를 해야 하며 이때의 제주는 집안으로 들여 가지 않는 법이다.

그러나 가풍에 따라서는 메와 국을 쓰기도 하는데 가풍에 의하여 하는 의식은 그 가풍의 전통임으로 집안 어른들의 지시대로 하는게 좋다. 이때 읽는 축은 견전축(遣奠祝)이다.

견전례는 집 마당이나 혹은 집 앞에서 하는 경우가 많으나 특별할 때는 일정한 장소를 선택해서 하는 경우도 있고 견전례는 요 근래에 와서 영결식(永訣式)이라고도 한다.

장례에 있어서도 국장(國葬)이나 국민장(國民葬) 혹은 사회장(社會葬)、단체장(團體葬)으로 구별되고 있다. 이런 종

류의 장례 절차 즉 영결식순은 다음과 같은게 보편적이다. 개식사(開式辭)、약력보고、조사(吊辭)、분향(焚香)〈분향은 상주、유가족、조객의 순으로 한다.〉폐식사(閉式辭)、발인(發靷)。

발인(發靷)

견전례가 끝나면 명정(銘旌)、공포(功布)、만장(輓章)、요여(腰輿)、요여배행、영구、시종、상인(喪人)、복인(服人)이런 순으로 출발을 하는데 조객들은 복인의 뒤를 따르며 복을 입지 않는 친척들은 친척들의 바로 뒤를 따른다. 요여배행은 복을 입지 않은 친척이 맡아 행하는게 좋으며 부득이 복인이 배행을 하게 되면 건과 행전(行纏)을 벗고 따르는게 좋고 영구를 시종 하는 것은 망인의 조카나 사위들이 해야 한다.

묘지가 멀 경우에는 쉴 때마다 영좌를 널 앞에 설치하고 곡하며 전을 들여야 하며 밥 먹을 때마다 상식을 올려야 한다. 밤이면 주인 형제 즉 상주와 친척들은 널 주위에서 햇불을 붙여 들고 널을 동위해야 한다.

급묘(及墓) 절차

급묘는 상여가 묘지에 도착했을 때를 일컫는 것으로 널이 묘지에 당으면 집사자는 널이 닿기 전에 차일(遮日)과 병풍을 정결한 장소를 선택하여 둘러 친 다음 영구를 안치하게 된다. 혼백은 영좌상에 모셔야 하며 영구의 외결관(外結棺)을 풀어 괴임을 놓고 공포로는 관을 닦는다. 구의(柩衣)로는 널을 덮어야 한다

그런 다음 집사자는 명정을 막대에서 떼어내 널 위에 놓고 영좌 앞에다가 술과 과일과 포를 진설한 후 상주는 곡을 해야 하는데 이때 조객이 있으면 상주는 위문을 받아야 한다.

(下棺) 절차

천광(穿壙)과 회격(灰隔)이 끝나면 바로 하관을 해야 하는데 하관 전에 상주와 형제、가까운 친척들이 한차례 곡을 한다. 곡이 끝나면 시간(時間)과 좌향(坐向)을 잘 맞추어 하관을 하는데 상주 형제들은 하관이 제대로 되는지를 살펴야 한다.

관이 기울어지거나 움직이지 않게 조심해야 하며 바르게 하관이 되었으면 구의(柩衣)를 덮고 명정(銘旌)은 펴서 관위에 놓는다. 그런 다음에는 집사자가 폐백(幣帛)을 주인에게 전해 취어 하며 이 폐백을 주인 즉 상주는 그 폐백을 축 읽는 사람에게 건네어 준다.

이때의 폐백은 현훈(玄纁)인데 그것은 산신(山神)에 드리는 폐백으로 검은색과 홍색의 형겊이다.

축읽는 사람은 폐백을 받아 널 동쪽관과 관 사이에 놓아야 하며 현은 위로 즉 검은 형겊은 위로 놓고 훈(纁)즉 홍색 형겊은 아래로 놓아야 한다.

축읽는 사람이 폐백을 격식에 따라 놓으면 상주를 비롯하여 가까운 친척들은 일제히 곡한 다음 상주는 머리가 땅에 닿도록 재배를 해야 한다.

그런 다음 회대(橫臺)로 덮고 횡대 위에는 유지(油紙)를 덮는다. 유지를 덮은 다음 성분(成墳)을 하는데 이때 상주

는 마지막 작별을 고하는 뜻으로 흙을 먼저 떠서 관의 네모 퉁이와 중앙에 떠 넣는다. 그런 다음 흙과 회(灰)를 섞어 한 자 정도 덮고 그 위에 지석(誌石)을 놓은 후에 또 흙을 메워 야 한다.

그런 다음에는 경좌를 옮기고 제상에 제수를 차려놓고 상 주가 분향하고 술잔을 올리면 축문은 축읽는 사람이 읽는데 이 때의 축문은 제주축(題主祝) 혹은 성분축(成墳祝)이라고 도 하며 때로는 평토 후위안축(平土后慰安祝)이라고 한다.

축문을 읽고나면 상주를 비롯하여 친척들이 일제히 곡하 여 슬픔을 표시 해야 한다. 이때 신주(神主)를 갖추었으면 흙을 메우기 전에 써야 한다.

신주를 쓰는 이유는 형체(形體)가 구덩이 속에 들어가면 신체와 혼이 떨어져 안식할 곳이 없게 되므로 흙을 메우기 전 에 신주를 써야 신체와 혼백이 한곳에 머무르게 된다는 이 치 때문에 대개의 경우 신주를 쓰기도 한다.

신주를 갖추게 되면 혼백은 묘에 묻어야 하며 복 부를 때 사용했던 옷도 이때 같이 묻어야 하며 성분이 끝나면 축을 집행하는 사람이 신주나 혼백을 받들어 요겨에 올리고 분향 한 다음 주인 이하가 곡하며 돌아가는데 이때 복인 중 한 사람이 산에 남아서 성분이 끝나는 것을 살펴야 한다.

이때 주의할 것은 부처(夫妻)를 함께 합장할 때는 남자 는 오른편에 두며 여자는 왼편에 두어야 한다. 계실(繼室)은 따로 조역(兆域)을 하는게 원칙이며 고위(考位)와 비위(妣 位)의 관이 길이가 차이졌을 때는 그 머리를 같이 나란히 해 야한다.

지석(誌石)

지석이라는 것은 두 개의 돌을 갈아서 한 개는 밑돌(誌 底)로 해야 하며 또 한 개는 덮는 돌 즉 지개(誌蓋)로 해야 하는데 이 지석은 미리 준비 했다가 하관 후에 사용을 한다.

밑돌에다가는 망인의 관직(官職)과 성명 생년월일(生年月 日), 사망 년월일, 묘의 좌향과 상주의 성명을 조각해야 하며 지개 즉 덮는 돌에는 모관 모공지묘(某官某公之墓)라고 조 각하여 밑돌과 덮는 돌을 서로 합하여 맞추는데 급자의 홈에 다가는 법유(法油) 같은 것을 이용하여 숯가루나 횟가루를 개어 바르면 오래동안 비바람에 견딜 수 있다.

지석으로 하관이 되었으면 고운 흙으로 광중을 채워 평면 (平面)이 되게 하고 석회를 고르게 펴서 좌향과 누구의 묘 라고 조각하거나 숯가루 같은 것으로 자획을 새긴 후에 그 급자가 훼손되지 않게 고운 흙으로 잘 덮고 봉분을 하는데 이렇게 하는 이유는 후손에게 선대의 묘에 대한 후환이 없도 록 하기 위함이다.

부친과 모친 행상이 같이 나갈 때에는 모친 행상이 먼저 간다.

15. 제주제 (題主祭·平土祭)

제물을 진설하고 가주를 모셔서 집사가 잔 올린 다음 상인
복인이 곡재배 하고 축을 읽는다.

維歲次壬寅正月甲子朔初三日丙寅孤子起秀敢昭告于
(유세차 임오정월 갑자삭 초삼일 병인 고자 기수 감소고우)

顯考学生府君形歸宅兎 神返室堂神主既成伏維
(현고 학생부군 형귀둔석 신반실당 신주기성복유)

尊靈舍旧從新是憑是依
(존령사구 종신시빙시의)

(만일 신주를 못하였다면 神主既成을 (신주기성)
神主未成魂魄仍存維 (신주미성혼백잉존유)
尊靈憑是依 (존령시빙시의) 로 고쳐 한다.)

어머니 상이면 축을

維歲次壬寅正月甲子朔初三日丙寅哀子起秀敢昭告于
(유세차 임오정월 갑자삭 초삼일 병인 애자 기수 감소고우)

顯妣 孺人 金海金氏 形歸宅兎神返室堂神主既成伏維尊靈舍旧從新是憑是依
(현비 유인 김해김씨 형귀둔석 신반실당 신주기성복유 존령사구 종신시빙시의)

(神主를 못하였을 때는 앞과 같다.)

16. 초우제(初虞祭)、재우제(再虞祭)、삼우제(三虞祭)

초우제(初虞祭)는 장사 당일에 지내는 법이다. 산소가 멀어 당일에 반우를 못하게 될 때에는 오다가 길에서도 지낸다. 초우(初虞)부터는 제례(祭禮)가 되는데 초우제는 반우(返虞) 후에 올리므로 자연 늦어진다. 반우를 내어 모시고, 만상주가 분향곡재배(焚香哭再拜)하면 내외 친척과 빈객이 다 곡재배한다. 다음 만상주가 분향하고, 모사에 술 붓고 곡재배하고 밥과 국을 올리고 (初獻) 적을 올리고 곡재배 한다. 이어 젓가락을 바로잡아 놓고 밥그릇 뚜껑을 열고 축을 읽으면 상인이 곡을 그치고 모두 엎드린다.

維歲次壬寅正月甲子朔初三日丙寅哀子起秀敢昭告于
(유세차임오정월갑자삭초삼일병인애자기수감소고우)

顯考学生府君日月不居奄及初虞(再虞・三虞) 胤興夜処哀慕不寧
(현고학생부군일월불거엄급초우재우삼우유흥야처애모불녕)

謹以請酌庶羞哀薦祫事(再虞엔 虞事、三虞엔 成事) 尚 饗
(근이청작서수애천합사재우엔우사삼우엔성사상향)

○ 兄喪…日月不居奄及初虞悲痛無己至情如何謹以清酌
(일월불거엄급초우비통무이지정여하근이청작)
庶羞薦此祫事尚 饗
(서수천차합사상향)

○ 弟喪…悲痛猥至情何可処兹以清酌庶羞陳此祫事尚 饗
(비통외지정하가처자이청작서수진차합사상향)

○ 妻喪…悲悼酸苦不自勝堪兹以清酌庶羞陳此祫事尚 饗
(비도산고불자승감자이청작서수신차합사상향)

17. 반우철차 (返虞節次)

제주제(題主祭)가 끝나고 신주(혹은 가주)를 모시고 돌아오는 것이 반우(返虞)다. 산소에는 축 읽기가 끝나면 상인이하 모두가 애곡하고 일어나서 초헌잔을 물린다.

다음 종부(宗婦)가 아헌(亞獻)을 올리는데 손 씻고 분향하고, 잔 올리고, 절 올리고 곡사배(哭四拜)하되 집사도부인으로서 한다. 아헌잔을 물리고 삼헌(三獻)을 올리는데 이것은 다음 상주나 근친 중에서 초헌과 같이 올린다. 다음은 집사자가 삼헌잔을 따라낸 뒤 덧부어 첨잔하고 진배에 숟가락을 꽂고 모두가 고헌방을 물러나온 뒤 문을 닫아두고 한식경(食頃) 정도의 시간을 보낸다. 다음 축관이 세번 기침하고 문을 열면 상인이하가 모두 들어가 서립(序立)하여 상인은 곡하면서 국을 물리고 숭늉을 올리는데 밥세 은숟가락을 조금씩 떠서 숭늉에 말고 숟가락은 숭늉 그릇에 걸쳐 놓는다. 조금 있다가 밥그릇 뚜껑을 덮고 시저(匙箸)를 다 내려놓고 집사자가 삼헌잔을 따라낸 뒤 문을 불사르는데 내외상인과 조객이 모두 곡재배(哭再拜)한다. 다음 신주를 도로 모시고 축문을 불 사르는데 이성(利成)을 고한다.

문에서 초우(初虞)를 졸곡(卒哭)으로 고친다.

만일 부제사(祔祭祀)를 지내려면 애천성사내일 제부우조고학생부군(哀薦成事來日祭祔于祖考學生府君)(모상엔 祖姓孺人金海金氏)상향(尚饗)으로 한다.

※ 부제사(祔祭祀)는 아비보다 먼저 죽은 자식을 그 조부에게 부(祔)하는 제사다.

18. 졸곡제 (卒哭祭)

졸곡제는 삼우 뒤 三개월 이내의 강일(剛日)에 지내는데 그 절차는 초우제와 같이 한다. 이때의 축문도 초우제의 축

19. 소상 (小祥)

소상은 사망후 첫 돌이니 즉 一주년(週年)이 되는 날이다.

이날 돌을 무렵 안팎 상주와 복인이 고연방 밖에 서립하여 내외상인이 조곡하고 다시 고연에 들어가서 안팎상주와 친척빈객이 일제히 곡하고 나와서 상복을 바꿔 입는다. 남자는 수질(首絰)을 버리고 제복(祭服)의 부판(負版)과 벽령(辟領)과 쇠(衰)를 떼어 버리고 여자는 요질(腰絰)을 버리고 기년복인(基年服人)은 복을 벗는다. 제전절차(祭奠節次)는 이미 앞에서 쓴 바와 같다.

20. 대상 (大祥)

대상(大祥)은 사망후 두 돌이 되는 날, 즉 사망후 二주년 되

는 달에 행한다. 제전절차(祭奠節次)는 소상과 같은데 남자는 다듬은 베직령(布直領)、베띠(布帶)、백립(白笠)에 메투리를 신고, 여자는 흰 옷을 입는다. 또한 대상에는 조곡(朝哭)이 없다.

21。 담제사(禫祭祀)

담제사는 대상후 한달을 걸러서 지내므로 二七個月째가 되는 달 정일(丁日)이나 해일(亥日)로 택일하여 지낸다. 옛 법에는 이날 남자는 흰옷(白衣)、흰실띠(白絲帶)、총망건(驄網巾) 흑립(黑笠)을 쓴다.

22。 길제사(吉祭祀)

길제사는 담제사를 지내고 난 다음 달에 지낸다. 만일 담제가 중삭(仲朔·二月·五月·八月·十一月)이면 당월(當月)에 다례(茶禮) 지내듯이 지내고 대진한(代盡)한 사당은 혹 매안(埋安)도 하고 혹 체천(遞遷)도 한다. 고조(高祖) 이하 신주를 개제주(改祭主) 하고 남녀(男女)가 다 화복(華服)을 한다.

23。 거상 입는 법

부상(父喪)…참최 삼년(斬衰三年)이라 하며, 극히 추한 베로 제복과 상복을 하되 아래를 꾸미지 않는다.

모상(母喪)…제최 삼년(濟衰三年)이라 하며, 한 베로 상복과 제복을 하되 아래를 꾸미는데 이것을 깁변(絹邊)이라 한다.

모선망상(母先亡喪)…거상을 일주년 입는데 열한달이 되면 택일하여 연제사(練祭祀)를 지내고 상복을 빨아 입는데 이것이 소상예법이며, 소상을 당하여는 대상예법으로 지내고 고연을 거두어 치우고 심상인(心喪人)의 예복을 입는다.

승중(承重)에 아버지가 일찍 죽고 조부모가 생존하였다가 장사가 나면 맏손자가 아비 대신 상제가 되는데 부모상(父母喪)과 같이 하는 법이다.

24. 복(服) 입는 법

服制法 (복 입는 법)

第一段

高祖父母	會祖父母	祖父母	從祖父母	再從祖父母	母 (父在則朞年)	繼母	庶叔父母	伯叔父母	堂叔父母	再堂叔父弟	姑	兄
三月	五月	一年	五月	三月	三年	三年	三年	一年	五月	三月	九月	一年

第二段

兄弟、嫂	從兄弟	再從兄弟嫂	三從兄弟	姉氏	再從姉妹	長子	次子	女息	長子婦	次子婦	妻
五月	九月	三月	五月	三月	九月	三年	一年	一年	九月	一年	一年

第三段

妻父母	外祖父母	外叔	姨叔母	內從兄弟	姨從兄弟	外從兄弟	女婿	甥姪	甥姪婦	外甥孫	(四禮便覽에 依함)
三月	五月	三月	五月	三月	三月	三月	三月	五月	三月	三月	

訃　告

○○○大人學生　○○公以宿患○月○日○時

別世茲以告訃

發靷、○月○日○時　自宅

葬地、○郡○面○里○○

　　　　年　月　日

嗣子　○○○○
次子　○○○○
孫　○○○○
婿　○○○○

親族代表　○○○
友人代表　○○○
護喪　○○○

축문(祝文)

고사축문(告詞祝文)

靈^영輀^이旣^기駕^가往^왕即^즉幽^유宅^택載^재陳^진遣^견禮^례永^영訣^결終^종天^천

○시체를 상여에 실어 메게 되었으니, 이제 가면 바로 유택이옵니다. 보내는 예를 베푸오니 이제 영원히 이별인가 하옵니다.

개토축문(開土祝文)

維^유歲^세次^차○○(干支^{간지})○月^월(干支^{간지})朔^삭○日^일(干支^{간지})幼學^{유학}○○○(祝文 읽는 사람의 이름)敢昭告于^{감소고우}

土地之神今爲學生某貫某公（여자는 孺人某官某氏） 營建宅兆

神其保佑俾無後艱謹以淸酌脯醢祗薦于神尙 饗

○년○월○일에 ○○○는 삼가 토지신에게 고하나
이다. 이제 본관 ○○공의 산소를 여기에 차리고저
하와, 많은 술과 포로서 공경하오니, 뒤에 근심이
없게 해주옵소서.

선영하 (先塋下) 고사문 (告詞文)

維歲次○○（干支）○月（干支）朔○日（干支）孫○○（축문 읽）

敢昭告于

顯○親○府君（先塋 합장이거나 혹은 쌍분이면 함께 쓴다）今爲○孫（죽은 사람 즉 묻

營建宅兆（합장을 할 때는 개토축 때와 같이 고칠 것）

謹以酒果伸虔告謹告

○년○월○일에 ○○의 손 ○○는 삼가 ○○ 어른께 밝혀 고하나이다. 이번에 ○○의 후손 ○○의 무덤을 이곳에 정하려 하와 술과 과일을 올리며 아뢰나이다.

산신축문(山神祝文)

維歲次(干支)○月(干支)朔○日(干支)幼學○○○

敢昭告于

土地之神今爲學生○貫○公(女子일때는 孺人○貫○氏)宅兹

幽宅某得佑俾無後艱謹以淸酌脯醢祇薦于神尚 饗

○년○월○일에 ○○는 삼가 산신님께 분명히 고하나이다. 이번에 본관 ○○공의 묘를 이곳에 마련하와 술과 포로 공경하오니, 뒤에 근심이 없도록 보호하여 주시옵소서.

維歲次（干支）○月（干支）朔○日（干支）孤子○○○（喪主 이)
(유세차 간지 월 간지 삭 일 간지 고자)

름)敢昭告于
(감소고우)

顯考學生府君形歸窀穸神返室堂神主旣成伏惟奠靈舍舊從
(현고학생부군형귀둔석신반실당신주기성복유전령사구종)

新是憑是依
(신시빙시의)

○년○월○일에 외로운 자식 ○○는 예를 차려 ○
○어른님께 고하나이다. 형체는 땅 속에 묻혔아오나
혼령은 집으로 돌아가 주옵소서. 신주는 이미 이루었
아오니, 영혼은 새 것을 쫓아 여기에 의지하옵소서.

고조부모 합제축 (高祖父母合祭祝)

維歲次○年（干支）○月（干支）朔○日（干支）孝玄孫○○（孫
(유세차 년 간지 월 간지 삭 일 간지 효 현손 손)

子의 名）敢昭告于
(감소고우)

顯高祖考學生府君

顯高祖妣孺人○○(本貫)○氏歲序遷易諱日復臨追遠感時

不勝永恭謹以清酌庶羞恭伸奠獻尚 饗

○년○월○일 효손 ○○는 돌아가신 고조부와 ○씨 고조모 어른께 삼가 아뢰옵니다. 해가 바뀌어 어른님들이 돌아가신 그 날이 당도하매 평소 사모치게 그리워했던 정이 새삼스러워 많은 술과 여러가지 음식으로 예를 차리오니 많이 잡수시옵기 바라나이다.

부제축 (夫祭祝)

維歲次○年(干支)○月(干支)朔○日(干支)妻○○○敢昭

告于

顯壁學生府君歲序遷易諱日復臨追遠感時昊天罔極謹以清

81

酌序羞恭伸奠獻尚　饗

작서수공신전헌상향

○○년 ○월 ○일 처 ○○는 삼가 돌아가신 남편님께 고하나이다. 세월이 바뀌어 어른님께서 돌아가신 그 날이 닥쳐왔는 바, 사모친 생각이 하늘에 닿아 망극하옵고, 연이어 술과 음식으로써 예를 올리오니 잡수어 주시옵소서.

처제축 (妻祭祝)

維歲次○年(干支)○月(干支)朔○日(干支)夫○○敢昭告

유세차 년 간지 월 간지 삭 일 간지 부 감소고

于

우

故室孺人○○某氏歲序遷易亡日復至不勝悲苦玆以淸酌陳

고실유인 모씨세서천이망일부지불승비고자이청작진

此奠儀尚　饗

차전의상 향

○○년 ○월 ○일 남편 ○○○는 죽은 아내 ○○씨에게 삼가 고하나니 세월이 바뀌어 당신의 죽은 날이 돌아와 사모친 정을 이기지 못하여 음식을 차렸으니 많이 잡수소서.

형제축 (兄弟祝)

維歲次○年(干支)○月(干支)朔○日(干支)弟○○敢昭告
于
顯兄學生府君歲序遷易諱日復臨情何悲痛謹以清酌庶羞恭
伸奠獻尚 饗

○년○월○일 동생 ○○는 형님의 돌아가신 날을 맞이하여 그 비통한 마음 금할길 없아와 삼가 술과 안주를 장만하여 엎드려 절하오니 잡수어 보십시오.

제제축 (弟祭祝)

維歲次○年(干支)○月(干支)朔○日(干支)兄告于亡弟○
○歲序遷易亡日復至情何悲至玆以清酌陳此奠儀尚 饗

83

자제축 (子祭祝)

維歲次○年(干支)○月(干支)朔○日(干支)父告于亡子○

○歲序遷易亡日復至心燼悲念玆以清酌陳此奠儀尚 饗

○년○월○일 이 애비는 죽은 자식 ○○정에게 말하노라. 세월이 바뀌어 네가 세상을 등진 날이 다가 왔으니 아픈 가슴 이루 표현할 방도가 없어 제물을 차려 마음을 달래노니 흠향하기 바라노라.

○년○월○일 형은 죽은 동생 ○○에게 감히 고하나니, 해마다 이 날이 닥치면 비통한 마음 금할길 없어 오늘도 술과 안주를 차려 놓고 명복을 비노라.

84

축문서식(祝文書式)

85

初喪屬壙後祠堂告由祝 (초상속광후사낭고유축)

孝子某(或新婦某封某氏)某月某日屬壙敢告

효자모 혹신부모봉모씨 모월모일속광감고

開基祠土之神祝 (개기사토지지신축)

維歲次年干支月干支朔日干支幼學姓名敢昭告于土地之神

유세차년간지월간지삭일간지유학성명감소고우토지지신

今爲學生某貫某公某(内喪事 孺人某貫某氏)營建宅兆神

금위학생모관모공모 안 상사에는 유인모관모씨 영건택조신

其保佑俾無後艱謹以清酌脯醢祗薦于神尚 饗

기보우비무후간근이청작포혜지천우신상 향

維歲次云云幾代孫(某名) 敢昭告于

顯幾代祖考某官府君幾代祖妣某封某氏之墓今爲幾世

孫某官(或幾世孫婦某貫某氏)以某月某日營建幽宅於先兆

之下(或左或右)某坐某向將開塋域伏惟奠靈不震不驚謹以

酒果用伸虔告謹告

先葬墓合窆告祝 (선장한 묘에 합폄하는 고축)

維歲次云云孤哀子(承重孤哀孫)某名敢昭告于顯考(母先

葬則顯妣某貫某氏承重則祖考祖妣當　　學生府君之墓

某名罪逆凶釁先妣(母先葬則先考承重則先祖考或先祖妣)

見背日月不居葬期已屆將以某月某日祔（母先葬則祔字合封）于墓左（或右）昊天罔極謹以酒果用伸虔告謹告

견배일월불거장기이게장이모월모일부 모선장이면부자를빼고 합봉이라한다 우묘좌 혹우 호천망극이주과용신건고근고

啓殯祝（계빈축）

今以吉辰遷柩敢告（妻以下敢告兹告）

금이길신천구감고 처이하는감고를자고라한다

遷柩祝（천구축）

請遷柩于廳事（廳事　棺　三番遷動）

청천구우청사 청사가없으면관을세번천동한다

87

祖奠祝 (조전축)

<ruby>永<rt>영</rt></ruby><ruby>遷<rt>천</rt></ruby><ruby>之<rt>지</rt></ruby><ruby>禮<rt>례</rt></ruby><ruby>令<rt>영</rt></ruby><ruby>辰<rt>신</rt></ruby><ruby>不<rt>불</rt></ruby><ruby>留<rt>류</rt></ruby><ruby>今<rt>금</rt></ruby><ruby>奉<rt>봉</rt></ruby><ruby>柩<rt>구</rt></ruby><ruby>車<rt>거</rt></ruby><ruby>式<rt>식</rt></ruby><ruby>遵<rt>준</rt></ruby><ruby>朝<rt>조</rt></ruby><ruby>道<rt>도</rt></ruby>

遷柩就輿祝 (천구취여축)

<ruby>今<rt>금</rt></ruby><ruby>遷<rt>천</rt></ruby><ruby>柩<rt>구</rt></ruby><ruby>就<rt>취</rt></ruby><ruby>輿<rt>여</rt></ruby><ruby>敢<rt>감</rt></ruby><ruby>告<rt>고</rt></ruby>

遣奠祝 (견전축)

<ruby>靈<rt>영</rt></ruby><ruby>輀<rt>이</rt></ruby><ruby>旣<rt>기</rt></ruby><ruby>駕<rt>가</rt></ruby><ruby>往<rt>왕</rt></ruby><ruby>即<rt>즉</rt></ruby><ruby>幽<rt>유</rt></ruby><ruby>宅<rt>택</rt></ruby><ruby>載<rt>재</rt></ruby><ruby>陳<rt>진</rt></ruby><ruby>遣<rt>견</rt></ruby><ruby>禮<rt>례</rt></ruby><ruby>永<rt>영</rt></ruby><ruby>訣<rt>결</rt></ruby><ruby>終<rt>종</rt></ruby><ruby>天<rt>천</rt></ruby>

平土後祀土地之神祝（평토후사토지지신축）

維歲次云云幼學姓名敢昭告于
土地之神今爲某貫某公空玆幽宅神其保佑俾無後艱謹以清
酌脯醢祗薦于神尙　饗

平土後題主祭祝（평토후제주제축）

維歲次云云孤子（母喪哀子父母俱沒　孤哀子承重孫孤孫孤
哀孫）某名敢昭告于（手下　敢字　妻　昭告于弟　兄
告于弟子　　父告于子）
顯考學生（母喪顯妣某貫某氏承重顯祖考顯祖妣妻喪亡室

男子 夫人 主掌 自稱新婦　新婦某氏敢昭告于顯柩

某官府君顯姑某封某氏　男便　主婦某氏敢昭告于顯辟某

官府君）形歸窀穸神返室堂神主旣成伏惟

奠靈（手下　伏惟尊靈　惟靈）舍舊從新是憑是依（神主

神主旣成　神主未成魂帛仍存伏惟尊靈是憑是依

虞祭祝 (우제축)

維歲次云云孤子某名敢昭告于顯考某官府君日月不居奄及

初虞（再虞再虞三虞三虞卒哭小祥大祥袷祭各各當

夙興夜處哀慕不寧謹以清酌庶羞哀薦祫事尚　饗（再虞虞事

三虞成事卒哭　成事小祥　常事大祥　祥事　兄　日月不

삼우엔성사 졸곡에도성사 소상엔 상사 대상엔 상사라 한다. 형에게는일 월불

居奄及初虞悲痛無已至情如何謹以清酌庶羞薦此祔事尚

거엄급초우비통무이지정여하근이청작서수천차합사상

饗

妻　아내에게는　悲悼酸苦不自勝堪兹以

子　아들에게는　悲念相續心焉如毀兹以　清酌庶羞陳此祔事尚　饗

弟　아우에게는　悲痛猥至情何可處兹以

卒哭祝 (졸곡축)

祔祭祀

卒哭祝虞祭祝同夙興以下八字　叩地號天五情糜潰

졸곡축은 우제축과 같되 숙흥이하 여덟자를 빼고 고지호천오정미궤라 하고 만일

祔祭祀　哀薦成事　來日隮祔于祖考某官府君母喪

부제사를 지내려면 애천성사라 한끝에 내일 제부우조고모관부군모상엔

91

祠祭祀出主祝 (부제사 출주축)

<ruby>孝曾孫<rt>효증손</rt></ruby>（承重 <ruby>孝玄孫喪主宗子<rt>승중에는 효현손 상주가 종자가 아니면 종자의</rt></ruby> <ruby>宗子屬稱<rt>속 칭을 달아 쓴다</rt></ruby>）

（<ruby>某名<rt>모명</rt></ruby>）<ruby>今以<rt>금이</rt></ruby> <ruby>祔先考<rt>부선고</rt></ruby>（<ruby>母喪先妣承重先祖考先妣當<rt>모상엔선비 승중엔선조고 선조비 당한대로</rt></ruby> ）<ruby>有<rt>유</rt></ruby>

<ruby>事于<rt>사우</rt></ruby>

<ruby>顯曾祖考<rt>현증조고</rt></ruby>（<ruby>母喪顯曾祖妣承重顯高祖考或高祖妣妻喪顯祖<rt>모상엔현 증조비 승중엔현 고조고 고조비 처상엔현조</rt></ruby>

<ruby>妣<rt>비</rt></ruby>）<ruby>某官府君<rt>모관부군</rt></ruby>（<ruby>內喪某封某氏<rt>내상엔모봉모씨</rt></ruby>）<ruby>敢請顯曾祖考顯曾祖妣神主<rt>감청현증조고 현증조비 신주</rt></ruby>

<ruby>出就廳事<rt>출취청사</rt></ruby>

<ruby>祖妣某封某氏尚<rt>조비모봉모씨상</rt></ruby> <ruby>饗<rt>향이라 한다.</rt></ruby>

92

維歲次云云某親（當　稱　）某名敢昭告于
顯考某官府君（內喪事　顯某妣某封某氏亡人祔神位）今以
孫某官（內喪事孫婦某封某氏或第幾孫）禮當隮祔叩所居異
宮不得行祭於祖廟將以某日謹用紙榜薦于其家謹以酒果用
伸虔告謹告

祔祭祖考位祝 (부제 조고위축)

維歲次云云孝曾孫某名謹以清酌庶羞適于
顯曾祖考某官府君（措語見上出主祝）隮祔孫某官（內喪事
隮祔某封某氏）尚　饗

93

維歲次云云孝子（承重孝孫）某名謹以清酌庶羞哀薦（宗子

告亡人則哀子不用）祔事于

顯考（措語見上）某官府君

顯曾祖考某官府君（措語見上）尚 饗

小祥祝（소상축）

維歲次云云日月不居奄及小祥夙興夜處小心畏忌不惰其身

哀慕不寧謹以清酌庶羞哀薦常事尚 饗

維歲次云云日月不居奄及大祥夙興夜處哀慕不寧謹以清酌
유세차운운일월불거엄급대상숙흥야처애모불녕근이청작

庶羞哀薦祥事尚 饗
서수애천상사상 향

大祥前期一日祠堂入廟告祝(대상전기 일일하여 사당에 입묘할 고축)

維歲次云云五代孫某名敢昭告于
유세차운운오대손모명감소고우

顯五代祖考某官府君顯五代祖妣某封某氏(家廟 諸位並
현오대조고모관부군현오대조비모봉모씨 가묘에 모신 제위를 병

列書) 茲以先考(內喪事 先妣某封某氏承重先祖考先祖妣
렬서 자이선고 안상사에는선비모봉모씨 승중엔선조고선조비

某官府君大祥已屆禮當祔於顯曾祖考(或曾祖妣某封某氏)
모관부군대상이게례당부어현증조고 혹증조비모봉모씨

某官府君不勝感愴謹以酒果用伸虔告謹告
모관부군불승감창근이주과용신건고근고

禫祭祀出主祝 (담제사 출주축)

孝子(承重孝孫)某名將祇薦(措語見上)禫事敢(妻子敢字不用)請先考(先妣或先祖考先祖妣)神主出就正寢

효자(승중효손) 모명장지천(조어는현상) 담사감(처자엔감자불용) 청선고(선비혹선조고선조비) 신주출취정침

吉祭祀出主祝 (길제사 출주축)

五代孫(承重則六代孫)某名今以遞遷(父先亡母喪畢 云孝

玄孫某今已免喪

補宗 則云孝子某今旣妥享 母

喪畢妥享 改合享

祖妣某封某氏(高祖考妣至于考妣列書 承重則自六代祖考妣至于考妣列書

有事于顯五代祖考某官府君顯五代

妣至于考妣列書 父先亡母喪畢則自高祖考妣至于考妣列

書 補宗 則只云顯考某官府君　父母俱亡則顯妣某封某

氏列書) 以某親某官府君 (卑幼府君　) 某親某封某氏

祔食敢請神主出就正寢恭伸追慕

誌石 (지석)

某官某公諱某之墓

지석 뚜껑에 새기는 글

某官某公諱某字某某州某縣人考諱某母某氏某封某年月日

生經歷某年月日終某年月日葬于某鄕某里某處娶某氏某人

지석 밑바닥에 새기는 글

某年若干適某氏因夫子致封號
모년약간적모씨인부자치봉호

某官姓名某封某氏之墓
모관성명모봉모씨지묘

之女子男某某官女適某官某人
지녀자남모관여적모관모인

부인 지석 밑바닥에 새기는 글

부인 지석 뚜껑에 새기는 글

명당(明堂) 자리 잡는 법

명당자리는 과연 있는가?

조상의 묘지(墓地)를 잘 모셔야 후손들이 부귀와 영화를 누린다는 얘기가 있다. 한낱 전설이기 보다는 역리학(易理學)에 의한 지상(地相), 즉 풍수설(風水說)에 기인한 이 명당자리는 과연 현대에도 존재할 수 있느냐 하는 문제가 많은 논란의 대상이 되고 있다. 우주과학이 발달하여 달 세계를 정복하려는 현시대에서 조상의 묘를 잘 썼다고 해서 금시 발복을 한다는 말은 여간해서 믿어지지 않는 문제이기도 하다.

그러나 어딘가 막연하고 또 허황된 얘기인듯 같으면서도 이 명당자리 고르는 문제에 대해서는 많은 관심을 두고 있고 심지어 공동묘지(共同墓地)에다가 조상의 유택(幽宅)을 마련할래도 산세(山勢)의 여러모와 그 주변의 환경이나 전망을 살펴본 후에 매장을 하는 그 심정은 조상에 대한 효심(孝心)의 발로이라고 단정할 수가 있고 이외이면 조상의 묘를 마련할 바에야 죽은 분의 사후(死後)의 영생집(永生宅)이 되는 묘소만은 여러모로 좋은 곳에 마련해야 하겠다는 집념은 살아 있는 사람들의 인지상정일 것이다.

과연 명당 자리가 있느냐 하는 문제보다도 조상의 묘를 어떻게 하면 풍치가 좋고 토질이 좋은 곳에 모시어 후손들이 조상의 은덕을 마음 다짐할 수가 있겠느냐 하는 것이 중요할 것이고 이런 관계로 해서 선진제국(先進諸國) 같은 데서도 묘소를 가족 묘지로 장만하여 마치 공원처럼 아름답게 가꾸어 조상의 얼과 가문의 전통을 살리고 있는 형편이다.

가문의 조상들을 길이 추념한다는 뜻에서 공원처럼 묘지를 꾸미는 그 깊은 심정(心情)도 알고 보면 효심의 발로이고 그러기 위해서는 풍광(風光)이 좋고 풍치가 좋으며 조용하고 양지가 바른 곳을 선택하게 되는데 이런 것이 따지고 보면 명당자리가 아니겠느냐는 말도 없지는 않다.

명당자리를 골라 조상을 모심으로써 자식들이 영화와 부귀를 얻겠다고 하는 생각은 어떻게 보면 조상을 위하는게 아니고 <조상의 뼈를 팔아 자신의 이익>을 얻자는 지극히 타산적인 이기심이 있는 것으로 따져볼 수도 있는데 그런 역설로 문제를 다루어 보면 결국 순후한 효심의 발로로 좋은 곳에 묘지를 마련하는게 아니라 자신을 위해서 그런 좋은 묘지를 마련한다는 조건이 되므로 명당자리를 고르는 자세가 근본적으로 시정이 되어야 할 것이다.

역리학상으로 보는 명당자리는 하나의 전래의 학설이지만 그 이전에 가능하면 조상 즉 부모님들의 유택을 좋은 곳에 마련해야겠다는 그 순후한 마음을 이루어 보려는 집념에서 따진다면 명당자리는 있어야 하고 또 골라야 한다는 점에 있어서는 허황되기도 하고 황당무계한 것만도 아니다. 일반적인 또 가장 기본적인 인간의 상애(相愛)로 봐서는 명당자리는 타의(他意), 즉 만인의 욕구보다는 자손들의 절실한 자의(自意)에 의해서 어떤 학설 이전에 명당자리는 있어야 한다고 보는 게 타당할 것이다.

우리나라 전래(傳來)의 전설에 보아서도 이 명당자리에 얽힌 일화가 많다. 어느 도학자(道學者) 즉 이조 중엽 시대의 어떤 사람이 인왕산에 올라가 소요하다가 사태가 무너진 자리에 해골이 굴러 다니는 것을 보게 되었다. 이 도학자는 그 해골이 굴러 있는 자리가 역학적 즉 풍수설로 보아 재상이 나올 자리이므로 짚고 있던 지팡이를 해골의 왼쪽 눈에 찔러 두고 장안으로 내려왔었다. 이때 영의정 벼슬에 있던 사람이 별안간 왼쪽 눈이 칼로 찌르는 것 같이 아파 집안이 소란스러워졌고 의술이 놀랍다는 사람들이 불려 갔으나 영의정의 눈을 치유하는 사람이 없었다.

이때 문제의 도학자가 그 영의정의 집 앞을 지나가다가 그런 얘기를 듣고 영의정을 만나야겠다고 했다. 영의정을 만나는 도학자는 무슨 생각이 있었는지 주머니 속에서 환약 한알을 꺼내 개여서 왼쪽눈에 바르고는 내일이면 통증이 가실 거라고 다짐한 다음 그 집을 나와 인왕산에 올라가서 해골 왼쪽 눈에 찔러 놓았던 지팡이를 갖고 영의정의 집으로 갔다. 영의정은 이상한 도학자가 환약을 개여 눈언저리에 바른 다음부터 통증이 가시며 또 시력도 회복이 되므로 그 도학자를 못내 그리워했는데 도학자가 돌아오자 영의정은 그

도학자를 생명의 은인처럼 정중하게 마중했다. 이때 도학자는 영의정에게 조상의 묘지를 봤으면 좋겠다고 했다. 생명의 은인으로 생각했던 도학자가 자신의 부모들 묘지를 보겠다고 제의하니 영의정은 흔쾌히 그 도학자를 안내하여 호화스럽게 꾸민 묘지를 안내했다. 영의정이 안내한 묘지는 인왕산에 있지 않고 왕십리 밖에 있었다. 이때 도학자는 영의정에게 부모들 산소를 쓰게 된 내력에 대하여 자세하게 숨김없이 말해 달라고 했다.

이 말을 들던 영의정은 한동안 있다가 뭔가를 결심한 듯이 얘기를 시작했다. 자신이 백부의 양자로 들어갔기 때문에 사실은 친부모가 아닌 백부 즉 양부의 묘지를 여기에다 썼다고 했다. 이 말을 들은 도학자는 무릎을 탁 치더니 인왕산의 그 해골이 바로 영의정의 생부(生父)이며 그 생부의 해골이 굴러다니는 지대가 자신이 인왕산을 소요하다가 해골이 굴러다니는 지대가 명당자리이므로 시험삼아 그 해골의 왼쪽 눈에 지팡이를 꽂아 보았노라고 했다.

이런 얘기는 한가지의 전설에 지나지 않지만 명당자리가 있다는 증거이기도 하며 비단 이런 개인문제 외에도 무학대사가 이조의 태조를 보필하여 도읍지를 한양으로 정한 것등이 모두 풍수설에 입각한 역학의 원리를 적용한 것이다.

풍수설(風水說)의 연혁

원래 이 풍수학설은 고대 중국(古代中國)에서 발상하여 성행했던 것으로 그 오묘한 이치는 철학 특히 동양 철학(東洋哲學)에 기인한 것이며 어디까지나 형이상학적(形而上學的)

인 진리이기 때문에 역리학의 오묘한 이치를 깨닫지 못하고 는 그 풍수를 볼 수 없는 것이다。 동양 철학이 형이상학이라면 서양 철학은 어디까지나 생존 철학이 그 밑바탕으로 되어 있기 때문에 차이점이 있는 것이고 실존 철학에서 이라면 동양 철학은 정신의 승화이므로 이 정신의 승화에서 생겨난 지상(地相) 즉 풍수지학(風水學)은 역리학의 오묘한 터득 이는 심히 지상(地相)을 복기가 어려운 법이다。

문헌에 의하면 진나라 시대에 주선도(朱仙桃)란 역리학자가 수산기(揷山記)라는 책을 서술하여 여기에다가 명당자리 보는 비법을 밝혀 후세(後世)에 남겼고 이 주선도가 그 책을 서술함으로써 그 당시에도 말이 많았고 그 신빙성에 대하여 왈가왈부했었으나 신통하게 맞아 들어 가므로 진시황제는 주선도가 쓴 〈수산기〉를 일반인에게 공개하지 못하도록 하고 반드시 황실 관계에만 그 〈수산기〉의 비록을 인용하기로 엄명을 내렸다。 그 이유는 주선도가 쓴 〈수산기〉를 인용하여 왕이 나올 명당자리에 일반인이 묘지를 마련하면 왕통이 어그러져 반역 행위가 생겨날 것을 염려했기 때문에 그런 죄명을 내렸었고 이어서 역리학자인 주선도를 엉뚱한 죄명으로 씌워 죽여 버렸다는 얘기가 있다。

진나라 시대의 주선도가 전래한 〈수산기〉를 본떠 한나라 시대에 와서는 〈장자왕〉이 청오경(青烏經)과 청낭정경(青囊正經)을 만들었는데 이 청오경과 청낭정경 역시 풍수설의 비록이 수록된 것으로 이 청오경과 청낭정경도 황실에 관계된 일에만 적용되었을뿐 일반에게는 알려지지 않았으며 장자방(張子旁)도 결국은 누명을 쓰고 비명에 가고 말았다。 진

나라 시대부터 발원된 풍수설을 한나라 시대에 와서 이어오다가 당나라 시대에 최전성을 이루었는데 당나라 시대에도 금낭경(錦囊經)이라고 하여 황실에서만 적용했었다。

비단 주머니에 그 비록이 적힌 책을 넣어 역대 황제가 대대로 전수하여 물려 받았던 것으로만 적용했었다。 당나라 때 알려지지 않았으나 당나라 말년부터는 도학자들이 많이 생겨나 금낭경 이외에 제나름대로의 풍수학을 전파하여 일반인에 널리 알려지게 되었으며 이렇게 보편화되자 당나라 황실에서는 〈황제가 나올 자리에 묘지를 마련하면 구족을 멸한다〉라는 엄칙을 마련하기도 했다。

이렇듯 중국에서 삼국(三國)에 걸쳐 전수되어 오던 풍수학은 당나라 중엽부터 이 땅에도 흘러 들어오게 되어 당시 고구려(高句麗)를 비롯하여 신라(新羅)、 백제(百濟)로 전파되었고 이때부터 우리나라에도 풍수설에 대한 고명한 도학자들이 많이 생겨나게 되어 궁절터 즉 도읍지를 비롯하여 성곽 혹은 가옥 또는 묘지에 대한 비결이 생겨나게 된 것이다。

이 땅에 들어온 역리학에 있어서의 풍수학설은 다시 일본으로 건너가 일본에서도 이 지상(地上)의 비결을 신통하게 여겨 왔었는데 일본이 이 땅을 강점(强占) 했을 때 그들은 한국인 중에서 역리학에 밝은 사람 十三명을 선정하여 소위 十三인 위원회(十三人委員會)라는 것을 조직하고 이 땅의 명당자리 즉 장군이 나올 자리라든가 영특한 사람이 나올 장소를 물색하여 그 혈맥을 끊어 놓았었다。 예를 들면 명산이라면 그 명산의 허리를 끊어 도로를 낸다든가 또는 험준한 산이어서 지맥이나 산맥을 끊을 수 없을 때는 철봉(鐵棒)을 수없이

박아 산맥을 끊는 등 잔악한 행동을 했었다.

쉽게 풀이한 명당자리

명당자리란 뭔가 하는 문제를 쉽게 풀이하면 땅에는 지기 (地氣)가 있고 산에는 산기(山氣)가 있는 법인데 명당 자리란 바로 산의 기운이 흐르다가 한데 뭉쳐 있는 곳을 이름하는 곳이다. 이 산기운이 뭉쳐 있는 것은 전문가 즉 역리학에 밝은 사람이 보면 대번에 직감할 수 있는 것으로 꼭 사람이 누울 수 있을 정도의 면적이 약간 봉분처럼 부풀어 있게 마련이며 산기운은 바람을 만나면 풍지박산 헤어지고 물을 만나 멈추게 마련이다.

그러므로 산이 병풍처럼 둘러 있어 바람을 막으며 그 산이 빙둘러있는 앞에 물이 있으면 산기운이 머무르게 되는 것이다. 이렇게 되면 빙둘러 있는 산 때문에 바람에 막혀 산기운이 흩어지지 않고 뭉쳐 있게 되며 그 산 기운은 앞에 물이 있으므로 멈추어져 자연 산 기운은 흐르지 않고 뭉쳐 있으므로 바로 그 자리가 명당자리로 통해지는 법이다.

사람은 조상으로부터 피와 살을 받아 태어날 때 자연 지기 (地氣)도 유전을 받게 마련이다. 이 지기(地氣)의 유전이 바로 인체 내부의 뼈인데 뼈는 바로 지기(地氣)와 통하여 이뼈가 명당자리 즉 산 기운에 뭉쳐 있는 곳에 묻히면 자연 후손에게 부귀와 영화의 음덕(陰德)을 보게 되는 것으로 이지기(地氣)의 이기(理氣)가 결국은 뼈와 혼합되어 〈유전의 법칙〉을 이루므로 산 기운이 뭉쳐 있는 자리는 반드시 사람이

명당자리는 왜 음덕(陰德)이 있는가?

드러누울 수 있을 정도로 산 기운의 뭉침이 있게 된다. 한가지 실례를 들어 보면 지기(地氣)가 서로 상대성의 원리를 지녀 응하고 부합되는 원리를 쉽게 설명하면 다음과 같은 예가 있다.

한나라 시대의 일이었는데 궁중의 대궐 처마 즉 용마루 끝에 구리종이 매달려 있었다. 이 동종(銅鐘)은 궁궐이 있는데서 상당히 멀리 떨어져 있는 구리가 묻혀 있는 산 즉 동산(銅山)에서 그 구리를 캐내어 만든 것이었다.

종이라는 것은 원래 때리거나 아니면 바람이 심하게 불지 않으면 울지 않는 법인데 어느날 그 동종이 저절로 큰 소리를 내어 울었다.

궁중에서는 모두들 불길한 흉조라고 저절로 울어 대는 동종을 두려워했는데 이때 황제는 〈동방삭이〉를 불러 동종이 저절로 울고 있는 연유에 대해서 하문을 하기에 이르렀다. 이때 〈동방삭이〉는 황제의 하문에 대해서 그 동종이 저절로 우는 연유는 바로 동산(銅山)이 무너졌기 때문이라고 대답했다. 황제는 반신반의하여 사람을 보내어 문제의 동산이 무너졌는가를 확인해 보도록 했다.

황제의 분부를 받고 동산이 무너졌는지에 대하여 확인하러 간 사람이 돌아와 복명하기를 분명히 그 동산이 무너졌다고 했다. 이때 동방삭이는 그 원인을 설명하여 지기는 사람으로 말하면 모자(母子)의 인연과 같으므로 동종은 어머니격인 동산이 무너지니까 그 기운을 받아 자연 소리를 내며 우는 것이라고 대답했다. 즉 다시 말하면 지기는 사람의 인연과 같이 서로 일맥상통하므로 지기를 받고 조물된 만물은 지기가 바로 어머니와 같으므로 그 지기에 따라 운명이 성하

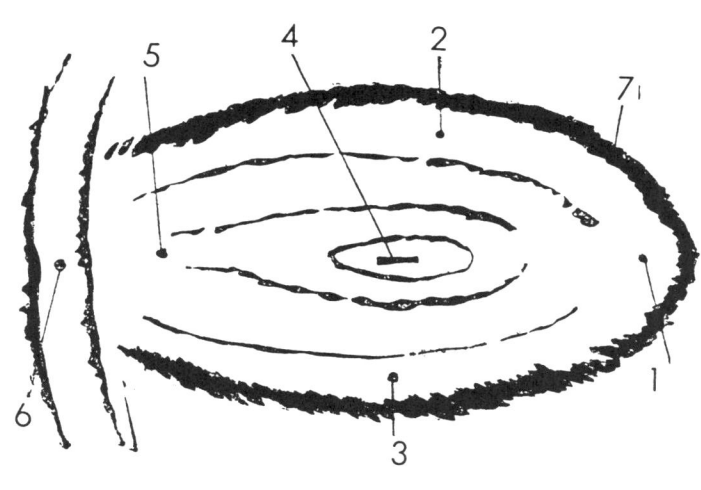

산 기운이 바람을 막아 뭉치고 또 물을 만나 멎는 지상도고 쇠함이 있는 법이라는 원칙을 갈파한 것이다.
(地相圖)를 그리면 다음과 같다.

(1)은 현무(玄武)라고 하여 산의 정상을 뜻하는데 그 방향은 북방(北方)이며 (2)는 백호(白虎)이고 방향은 오른편(右)이 된다. (3)은 청용(靑龍)으로 산 기운이 뭉쳐 있는 〈좌청룡、우백호〉라는 지상의 한 형태이며 (4)는 재혈난(裁穴難)이라고 하며 산 기운이 뭉쳐 있는 지점으로 이 지점을 찾기가 어려운 법으로 이곳만 제대로 찾아 묘지를 마련하면 자손에게 음덕이 있다는 것이다. (5)는 주작(朱雀)이라고 하여 이 지점은 산들이 병풍처럼 빙 둘러쳐져 바람을 막는 그 밑부분의 중심부로 이 주작을 가로질러 물이 흘러야 산기운이 재혈에 뭉쳐 있게 마련이다. (6)은 병풍처럼 둘러쳐 있는 산의 밑부분 즉 산 기운이 뭉쳐 멎을 수 있게 물이 흐르거나 고여 있는 것을 뜻한다.

명당자리란 바로 이런 지대를 의미하는 것으로 그 재혈만을 찾으면 자손이 부귀영화한다는 것은 역리학에서 증명이 되고 있다.

일곱가지의 조건이 갖추어지지 않은 묘지는 어떤 흉업이 생겨나는가?

명당자리라고 해도 청룡(靑龍)이 없거나 두드러지지 않으면 자손이 없어 가운이 끊기는 법이고 백호(白虎)가 없거나 두드러지지 않으면 재물이 없어 가운이 빈한하여 가난을 면치 못한다. 또 앞에 즉 주작(朱雀)의 부분을 둘러 막는 물줄기가 없으면 재물과 자손이 없는 법이어서 좋지 않다.

또 주작의 앞에 있는 물이 세차게 흐르지 않고 잔잔하며 유유히 유동하며 물소리가 조용하고 화목한 법이다. 이와 반대로 물소리가 슬프게 들리고 또 세차게 들리거나 흐르는 물살이 빠르면 집안에 우환이 그치지 않아 멸망할 기운이 있어 결국 그 가문은 망하고 만다.

명당자리를 얻은 다음 유의할 여러가지

一, 토질(土質)은 五색이 영롱해야 한다. 관 넣을 자리를 팔 때 흙 빛깔이 황(黃)、흑(黑)、백(白)、적(赤)、청(靑)이 고루 배합되어야 하며、흙은 빛깔이 서기가 비쳐 나올 정도로 윤택해야 한다.

二, 흙속에 습기가 너무 많으면 좋지 않은 법이고 명당자리인데 습기가 지나치게 많으면 관운이 없다. 그렇다고 해서 가문에 타격을 주는 흉액이 있는 것은 아니다.

三, 토질은 푸석푸석하지 않고 굳은 게 좋은데 명당 자리인데도 흙이 굳지 않고 푸석푸석하면 자손이 번성하지 못하고 또 크게 출세를 하지 못한다. 큰 문제가 생겨나는 그런 액운이 있지는 않다.

四, 관 들어갈 자리를 팔 때 수맥이 있으면 집안에 액운이 끊이지 않으므로 그 물줄기를 돌려야 한다.

五, 관 넣을 곳을 팔 때 돌반석이 있으면 자손이 끊기므로 그 돌 반석 위에 관을 올려 놓을 때는 흙이 중간에 끼이지 않도록 해야 한다.

묘지의 장식에 대한 여러가지 유의할 점

一, 묘지 주변을 아름답고 풍치있게 하기 위해 나무나 꽃을 심는 경우가 많은데 나무를 심을 때는 반드시 묘지에서 십「미터」밖에 심는 게 좋다. 그 이유는 나무의 뿌리가 묘지 밑으로 뻗어 나가면 좋지 않기 때문이며 나무의 종류는 가능하면 사철나무 즉 상록수를 심는 게 좋다.

二, 뿌리가 길게 뻗는 <아까시아>나 가죽나무 같은 것은 묘지 주변에서 없애는 게 상책이다. 그 이유는 그런 나무의 뿌리는 길게 뻗기 때문에 잘못하면 묘지 밑을 뚫고 뿌리가 번성하기 쉽기 때문이다.

실질적인 명당자리는 어떤 것인가?

역리학적으로 풀이한 명당자리는 지극히 어려운 것이고 또 명당자리를 찾는 사람들의 공통의 심리가 자신의 부귀를 위한 방책으로 명당자리를 찾지만 실질적인 면에서 생각해 보면 명당자리란 사람의 얼굴과 같아 사람의 얼굴이 생긴 모양을 보면 그 사람의 인품을 알 수 있는 것처럼 산소를 마련할 자리도 보면 좋은지 나쁜지를 알 수가 있다. 우선 양지가 바르고 바람이 없고 산이 수려하며 전망이 좋고 또 묘 앞에 호수나 저수지 혹은 연못같은 게 있어 풍광이 아름다우며 전망이 좋은데도 예로 멀리 보이는 앞산이 양쪽으로 봉우리가 져 툭튀어 있다던가 하면 좋은 것이며 반드시 부귀영화를 누리겠다고 풍수학설에 따른 명당자리를 찾아 다녀야 할 필요는 없다는 게 일반적인 상식으로 되어 있다.

흉한 터는 어떤 것일까?

명당자리 아닌 즉 흉한 터에다 산소를 마련하면 집안에 액운이 깃들고 또 손이 끊어지며 재물이 붙지 않고 가문이 몰락하는가 하면 때로는 큰 흉액이 들어 패가망신하게 된다고 풍수설에서 지적한 흉터는 다음과 같다.

一, 돌산(石山)은 흙이 별로 없고 암석으로 된 산인데 이런 산에다가 묘를 마련하면 집안이 멸망한다. 그 이유는 산 기운이란 흙을 통해서 흐르기 마련인데 흙이 없는 산은 지기가 통하지 않아 뼈와 지기가 융합할 수 없기 때문에 망인의 후손들이 망하게 마련이다.

二, 산맥이 끊어진 산은 명당자리라고 해도 산소를 모시면 좋지 않다. 그 이유는 산 기운 즉 지기(地氣)가 산맥이 끊어지면 계속 흐르지 않고 끊어져 버리기 때문이며 산맥이 끊어져 지기가 연이어지지 못하면 지기가 흘러 뭉쳐 있지 못하기 때문이며 이런데다가 묘지를 마련하면 가운이 몰락하거나 손이 끊긴다고 풍수설에서는 말하고 있다.

三, 산 기운이나 지기는 산세가 멈추지 않고 그대로 쭉쭉 내려 뻗은 곳은 좋지 않다. 이런 산세를 과산(過山)이라고 하는데 산세가 쭉쭉 뻗는 데에 산소를 모시면 지기가 뭉쳐 있지 않아 패가망신하게 된다.

四, 독산(獨山)은 산맥이 서로 이어져 여러개의 산이 어울려져 있는 것이 아니고 홀로 있는 산인데 이런 산은 지기가 면면히 흘러 뭉쳐지지 않고 또 지기 자체도 생겨나지 않

으므로 이런 데다가 산소를 마련하면 자손이 끊겨 멸망한다. 지기는 후강전응(後岡前應)하고, 좌회우포(左回右抱)하며 중산환합(衆山環合)하는 곳에 뭉쳐 있는 법인데 독산은 그렇지 못하니 산소는 쓰지 않는 게 좋다.

五, 동산(童山)이란 초목이 자라지 않은 황폐한 산이고 사태가 생겨 보기에 흉한 산을 일컬음인데 이런 산은 음양(陰陽)이 화합하지 않으므로 자연 산 기운, 즉 지기가 생겨나지 않는 법이며 또 뭉쳐 있지도 못한다. 이런 산에다가 산소를 쓰면 집안이 빈한하여 생계가 대대로 어려워진다.

묘지를 정하는 데 지켜야 할 여섯가지 문제

一, 수구(水口), 보이면서도 보이지 않는 것이므로 세밀히 살펴야 한다.

二, 명당(明堂)이 이즈러지고 둥근 것이기도 하므로 은은한 정기를 잘 살펴야 알 수가 있다.

三, 원혈(元穴)이야말로 지기가 뭉쳐 있는 곳이므로 그 진부를 가리기가 힘들다. 그러므로 그 빛을 은은하게 뿜는 것을 살펴야 한다.

四, 원조(遠祖), 산은 원조가 있다. 산맥의 발원지인데 이 산맥에 여섯가지 체가 있으니 이 여섯가지 체가 순서대로 되어 있으면 맥이 끊긴 것이 아니다. 그 산맥의 체는 바로 태(胎), 정(定), 순(順), 포(신), 장(藏)이다.

五, 봉만(峰巒)은 서로 싸이고 둘러져 있는 것인데 그 모양이 험한가 아니면 원만한가를 살펴야 한다.

六、안대(案對)、모(方)가 나는 것도 있고 둥근 것도 있으므로 반듯하며 기울지 않는 곳을 택해야 한다.

역리학상(易理學上)의 문헌으로 본 풍수설의 묘지 선택 비법

전술한 것은 쉽게 풀이한 명당 선택이었는데 여기에서는 보다 문헌(文獻)적인 묘지 선택에 대한 학론(學論)을 소개하기로 하는데 쉽게 풀이한 명당자리 알아 보는 비결로 결국은 여기에 소개하는 문헌적인 학론을 쉽게 풀이한 것이므로 많은 참고가 될 것이다.

상지법(相地法)에서 사용되는 기본 용어에 대한 풀이

一、음택(陰宅)、산 사람은 양(陽)으로 통하고 죽은 사람은 음(陰)으로 통하므로 음택이란 곧 죽은 사람의 집이라고 하며 묘지를 뜻하는 것이다. 二、양기(陽基)는 산 사람의 집이나 혹은 도성(都城)을 뜻하는 마을의 기지(基地)를 일컫는다. 三、용(龍)、땅의 기복을 뜻하는데 말하자면 산맥의 기복을 용이라고 했으면 용신(龍身)에는 음양의 생기가 흘러야 하는 것으로 이 음양의 생기는 사람의 신체내부에서 피가 도는 것과 같다. 그러므로 지기가 연이어 흐르는 곳을 맥(脈)이라고 하며 이 맥이 일기일복(一起一伏)하고 좌절우곡(左折右曲)하는 것으로 목간(木幹)이라고도 한다. 또 가지가 뻗어 나간 것은 절(節)이라고 하는 것이다. 四、맥(脈)은 절(節)이라고도 하는데 지맥의 기본인 것이다.

五、혈(穴)은 바로 지기가 뭉쳐 있는 곳을 뜻한다. 사람도 인체의 어느 부분중 그 혈을 찌르면 살고 죽는다라는 말도 있는 것과 같이 산세에도 이런 혈이 있는 법이다. 六、사(砂)는 산수 주변의 형세를 뜻하는 것인데 지상술(地相術)이 전해 내려오면서 사(砂)를 가지고 그 형세를 그려 왔으므로 산수의 형세를 부를 때 사(砂)라고 한다. 七、국(局)、국은 바로 혈과 사를 합쳐 양기냐 아니면 음택이냐 하는 것을 바로 국이라고 하는데 음택국이니 양기국(陽基局)이니 하는 것이다. 八、내룡(來龍)・일국(一局)・일혈(二穴)에 이르는 용맥(龍脈)에 붙인 이름으로 맥이 혈에 들어 가려는 지점을 뜻한다. 九、조산(祖山)이나 종산(宗山) 중에서 그 혈(穴)중에서 가장 멀고 높은 산을 조산(祖山)이라고 부르며 가깝고 높은 산을 종산(宗山)이라고 한다. 一〇、주산(主山)과 후산(后山)、이 주산과 후산은 내룡맥절(來龍脈節)중에서 혈(穴) 뒤에 높이 솟아난 산이며 대개 마을이나 묘지 뒤에 산이 있는 것을 뜻하며 이런 산밑에 마을이 있으면 마을을 진호(鎭護)한다는 의미에서 진산(鎭山)이라고 부른다. 十一、입수(入首)=좁은 의미의 내룡(來龍)이 혈중(穴中)으로 들어가려고 하는 것을 입수(入首)라고 하며 혈(穴)、국(局)을 용두(龍頭)가 들어간 곳으로 보는 것이니까, 이 용두가 마침내 들어 가려고 하는 곳을 입수라 한다. 十二、두뇌(頭腦)=입수(入首)와 혈(穴)과의 접합점에서 좀 높게 솟아난 곳을 말하며 마치 용두(龍頭)의 이마에 해당한다고 하여 두뇌라고 한다. 十三、성(城)、사성(砂成)=두뇌(頭腦)에서

地相名稱圖（지상 명칭도）

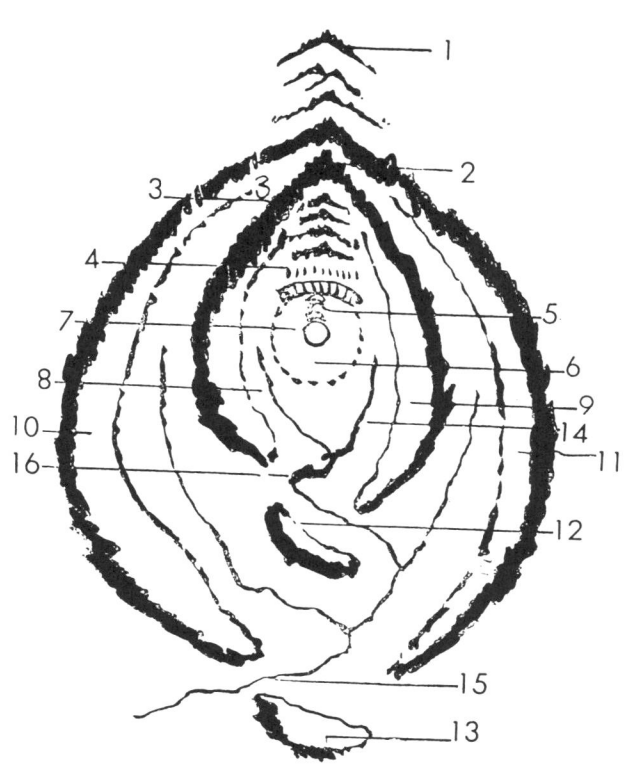

一、조종산（祖宗山）
二、주산（主山）
三、입수（入首）
四、두뇌（頭腦）
五、미사（眉砂）
六、명당（明堂）
七、혈（穴）
八、내백호（內白虎）
九、내청룡（內靑龍）
一○、외백호（外白虎）
一一、외청룡（外靑龍）
一二、（案山）
一三、조산（朝山）
一四、수（水）
一五、외수구（外水口）
一六、내수구（內水口）

소맥(小脈)이 일어나서 혈(穴)의 주위를 둘려쳐진 것을 사서로 껴안는 사이를 흐르는 곳을 파(破), 또는 수구(水口)라고 부른다.

성이라고 한다. 十四, 청룡백호(靑龍白虎)＝혈(穴)이 남면(南面)한 곳이라면 혈(穴) 뒤의 내맥(來脈)에서 혈(穴)의 동쪽을 두르고 혈(穴)의 앞을 지나서 혈(穴)의 서쪽에서 그치는 산맥을 청룡(靑龍)이라 하고, 혈(穴) 뒤의 내맥(來脈)에서 나와서 혈(穴)의 서쪽을 돌아 혈(穴) 앞을 동쪽으로 뻗어서 끝난 산맥을 백호(白虎)라 부른다.

청룡백호(靑龍白虎)는 수호신(守護神)인 사신(四神)＝청룡, 백호, 주작(朱雀), 현무(玄武) 중에 그 동쪽과 서쪽을 호위하는 것이나, 풍수학설(風水學説)에서도 동쪽의 맥을 청룡, 서쪽의 맥을 백호라 부른다. 좌청룡(左靑龍), 우청룡(右靑龍)이란 말도 이러한 뜻에서 나온 것이다.

十五, 명당(明堂)＝이것은 혈(穴)의 앞(墓地)인 경우는 무덤 앞, 집터인 경우는 건물의 앞으로서 청룡, 백호에 둘러싸인 곳을 말한다. 명당에는 내명당(內明堂)과 외명당(外明堂)이 있는데, 내명당은 혈(穴)의 바로앞 평평한 곳을 말하며 (墓地에선 墓板이라는 곳이고, 집터인 陽基에 있어서는 主建物의 앞뜰이다.) 내명당에서 앞으로 좀 넓고 광대한 평지는 외명당(外明堂)이라고 부른다. 이 명당이라는 말은 천자(天子란 王보다 높은 皇帝를 말한다.)가 군신(群臣)의 조례(朝禮)를 받는 곳을 말하는데 이러한 뜻에서 나온 말이다.

十六, 득(得), 수구(水口)＝혈(穴), 혹은 내명당의 양쪽에서 또는 청룡, 백호 사이에서 시작되어 흐르는 물의 발원처(發源處)를 득(得)이라 하고, 그 물줄기가 용호(龍虎)와

서로 껴안는 사이를 흐르는 곳을 파(破), 또는 수구(水口)라고 부른다.

十七, 지현(之玄)＝내룡(來龍)이 바로 입수(入首)로 옮겨지려고 하는데 그 맥형(脈形)이 갈지(之)자와 같고 혹은 검을현(玄)자와 같이 굴곡(屈曲)되어 뻗어온 곳을 말한다.

十八, 미사(眉砂)＝입수(入首)에서 두뇌(頭腦)를 거쳐 혈(穴)로 옮겨지는 조금 높은 긴 둔덕 또는 판막상(瓣)을 이룬 곳을 말한다. 그 모양에 따라서 아미사(蛾眉砂), 월미사(月眉砂), 팔자미사(八字眉砂) 등의 이름이 있다.

十九, 안산(案山)＝혈(穴) 앞의 사(砂)의 일종으로서 좀 낮고 작은 산을 말한다.

二十, 조산(朝山), 대산(對山)＝혈(穴) 앞의 사(砂)의 일종으로서 안산에 비하여 고대(高大)한 산으로서 마치 빈객(賓客)이 주인에게 절을 하는 것과 같고 신하가 임금에게 읍하는 것과 같고 자식이 아비를 받드는 것과 같고 계집이 남편에게 순종하는 것과 같이 혈(穴)에 대하여 조공(朝拱)하는 것과 같은 산을 말한다.

二十一, 오성(五星)＝산의 모양을 「성(星)」, 「요(曜)」로 부르는 경우가 있다. 이것은 산형(山形)을 오행(五行)에 배(配)할 경우나, 구성(九星), 구요(九曜)에 배(配)할 경우이다. 이름으로서, 목성(木星)의 산이란 산형(山形)이 목형(木形), 목체(木體)를 이룬 것을, 금성(金星)의 산이란 산의 형태가 금체(金體)에 흡사한 산을 말하며, 이것을 성(星)이라고 부르는 까닭은 오행(五行)이 하늘에 있어서는 상(象)을 이루고 땅에 있어서는 모양(形)을 이룬다는 천지상

형（天地象形）의 상응（相應）하는 원리에 따른 뜻인 것이다.

木星의 山＝나무가 바로 선 것과 같이 솟은 산.

火星의 山＝불길과 같이 뾰족이 솟아난 산.

土星의 山＝평편하고 벽돌같은 산.

金星의 山＝산마루는 둥글고 아래는 넓어 마치 종을 엎어 놓은 것과 같은 산.

二十二、 水星의 山＝구불구불하여 물결과 같이 뻗은 산.

二十三、 구성（九星）＝오성（五星）의 정형（正形）에서 변형（變形）된 것을 구성（九星）의 산, 또는 구요（九曜）의 산이라고 부른다. 구성（九星）은 빈랑（貧狼＝木星의 변체（變體）、거문（巨門＝土星의 변체（變體）、녹존（祿存＝土星의 변체（變體）、문곡（文曲＝水星의 변체（變體）、염정（廉貞＝火星의 변체（變體）、무곡（武曲＝金星의 변체（變體）、파군（破軍＝金星의 변체（變體）、좌보（左輔＝金星의 변체（變體）、우필（右弼＝金星의 변체（變體） 등으로서 오성（五星）의 정체（正體）에서 변형（變形）된 것이다. 구요（九曜）란 다시 구성（九星）（正體）에서 변형（變形）된 것으로서 아홉가지가 있다.（太陽、太陰、金水、紫氣天財、天罡、孤曜、燥土、掃蕩）.

二十四、 낙산（樂山）＝산룡（山龍）이 혈（穴）을 맺을 때는 반드시 이에 의지할 침락（枕樂）이 필요하다. 이 침락은 낙산이라고 하며, 혈（穴）의 뒤에 있다.

二十五、 간룡（看龍）、심룡（尋龍）＝산맥의 내왕（來往）을 탐사하고, 그 진위（眞僞）와 생사（生死）를 보는 것을 관룡 또는 심룡이라고 한다.

二十六、 형세（形勢）＝용（龍）이 혈（穴）을 맺을 때 내면적

二十七、 좌향（坐向）＝혈（穴）의 중심, 집터나 무덤（陽基＝집터, 陰宅＝무덤）인 경우는 주옥（主屋）을 세우는 곳, 음택（陰宅＝무덤）인 경우는 관（棺）을 묻는 곳을 좌（坐）라고 하며, 이 「좌」가 정면（正面）하는 방위（方位）를 향（向）이라고 한다. 이 「좌향」은 일직선（一直線）상에 있고, 이것을 정하는 데는 내명당（內明堂）의 중앙에 지남침（指南針）을 놓고, 자침（磁針）의 회전축（回轉軸）과 좌（坐）를 연결한 직선이 갑방위（甲方位＝보통 二十四 방위를 쓴다. 方位圖（參照）의 우로 뻗을 때는 이 「좌」를 갑좌（甲坐）라고 부르고, 이 선의 연장선（延長線）이 반대측의 을방위（乙方位）로 뻗을 때는 이것을 을향（乙向）이라고 부른다.

다시 말하면 「자좌오향（子坐午向）」이란 「좌」가 정북방（正北方）에 있고 그 향（向）이 정남방（正南方）에 향하고 있는 것을 말한다. 정북（正北）은 二十四方位의 자에 해당되고, 정면은 二十四方位의 오에 해당한다. 풍수에 있어서는 東西南北의 명칭을 四卦、八干、十二支를 結合해서 二十四方位名을 사용한다.

二十四方位圖

이 방위도는 우선 지남침(指南針)으로 東西南北의 방향을 잡고서 본다.

陽局 乾(北西) 震(東) 坎(北) 艮(北東)

陰局 坤(南西) 巽(南東) 離(南) 兌(西)

명당자리 풀이 비결

우리가 사는 세상은 태초에 혼돈하고 아득한 기운이 엉클어져 있다가 맑은 기운은 하늘이 되고 탁한 기운은 땅이 되었으니 이것을 가리켜 천지개벽이라고 하며 또 이것이 곧 하늘과 땅 즉 음양의 시초라 하겠다.

하늘은 양기요, 땅은 음기인 것이다.

하늘과 땅이 되어 음양이 서로 판별되는 이 사이에 산은 위로 솟구치고 물은 아래로 흐르게 되니 여기에 또한 음양의 이치가 판별된다. 산은 음이요, 물은 양이 되는 것이다. 이에 이 세상은 음과 양의 두 기운이 묘하게 엉키고 배합되어 이룩되었으니 이것을 가리켜 우리는 조화의 공이라 이른다.

여기서 음양의 이치를 제해 놓고는 제반 학설이 설수 없는 것도 이에 연유되는 까닭이다.

음양의 이치는 즉 천지의 이치이니 음양의 오묘한 이치를 연구하여 보는 것을 뜻있는 사람들이 연구하여 볼 대상이지 함부로 억설할 수 없는 학문이기도 하다. 여기에 제반 음양의 분야를 떠나 산수지리(山水地理)의 오묘한 이치를 연구하여 보고 싶다는 사람들에게 가능한 한 이해하기 쉬운 방향으로 필자가 고서를 중심으로 한 고찰을 대강 기술하여 볼까 한다.

대저 우리 인간에게 백해구공(百骸九穴)이 있듯이 이 넓은 땅에도 만수천산(萬水千山)이 있어 어떤 것은 나타나고 또 어떤 것은 서로 얽히어지고 있다. 사람의 몸에 뼈와 마디가 있고 가지 가지의 보이고 안 보이는 구멍이 있듯이 이 땅

祖山으로부터 起하여 結穴處에 이르기까지 全龍身行脈、穿帳、過峽、少祖束氣、胎首、入首、水口离里 等을 表示하였으므로 初學者도 알 수 있음.

111

에도 보이고 안 보이는 지맥(地脈)이 있는 것이다.

우리 인간은 천지 음양 산수가 자연에 나서 천년 만년 자손이 이 곳에 보고 또 다시 자연으로 돌아가 쓰러져 버리게 되니 사람이 자연의 산과 물을 연구하게 됨도 여기에 있는 것이다.

음양오행의 오묘한 이치와 산천지리의 무궁무진한 이치를 필자의 필설로 옳바르게 나타내지 못함을 먼저 사과하면서, 이 글을 앞으로 꾸준히 계속하려 한다. 다만 몇천년을 내려오며 선인들이 연구하여 온 각종 지리제가서를 모두 기재 못하고 제가서 중에서 대략을 간추리어 설명을 일러 둔다.

속담에 「인걸은 지령」(人傑은 地靈)이란 말이 있다. 잘난 사람이 나오고, 못난 사람이 나오는 것은 모두가 산천의 수려한 기상과 산천의 둔탁한 기상에 의해서 나오는 것이기 때문이다.

산이 높고 물이 깊고 들(野)이 넓으면 너그러우며 도량이 넓고 큰 사람이 나오고 산과 물이 좁아 협착하면 인간의 심리도 소견이 좁고, 산이 험악하고 물이 탁하면 사람의 성격이 험하고 표독한 자가 나오며 산이 높고 물이 맑으면 그 동네가 윤택하여 부자가 많고 산천이 맑고 수려하면 사람이 태어나서 얼굴까지 아름다운 법이다.

천을태을(天乙太乙)의 뾰족한 산이 구름밖에 솟구쳐 있으면 벼슬이 법관에 오르고 물러가는 문구멍을 짐승과 새 모습을 한 형국에 산과 바위가 감아 주면 한림학사(翰林學士)가 나오는 것이요, 산 형국이 왼편에는 깃발이 날리는 듯하고, 바른편엔 북이 울리는 듯 솟아 있으면, 대장과 장신이 나올

자리요, 산 형체가 뒤에는 병풍을 친 듯하고 앞에는 장(帳)을 두어 막아 주면 재상과 문신이 나올 땅이다.

작은 산이 위는 뾰족하며 아래가 둥그스름한 산형을 은병(銀瓶)이라고 한다. 이쯤되면 石崇이 같은 부자가 생겨나고 산이 구부러져서 높고 낮음이 껴안은 것을 玉幕形이라고 하여 여기엔 裵度같이 귀하게 되는 명재상이 나올 땅이다.

산 형국이 초생달처럼 가느다랗게 미인의 눈썹인 듯한 모양은 아미산(蛾眉山)이라 이르는데 산 형세가 이쯤되면 딸이 귀하게 되어 왕후 아니면 귀비가 나올 땅이요 천마의 형국이 남방에 위치되어 있어 머리는 번쩍 들리고 몸체는 약간 낮아서 평평히 나아가다가 꼬리가 되어 톡 떨어지면 왕후가 반드시 나올 자리다. 또 앞뒤 좌우로 기운차게 내려오면서 크고 작은 아름다운 봉우리가 천 봉우리 만 봉우리로 호위한 것은 三千 궁녀의 기상이고 앞뒤로 벌어진 낮은 산봉우리가 팔백형화(八百烔火)가 떠오르는 듯한 자리는 모두 극귀극존한 제왕이 나타날 자리이다.

여러 산이 그치는 데에 진혈(眞穴)이 있고 여러 산이 모이는 데 명당(明堂)이 있는 것이다. 산제가 모두 등을 져 달아나면 인가파산이 되는 법이오, 한물이 기울어 흘러 **빠**지면 관에서 물러서고, 실직하게 되며 산 형상이 어지러운 치마자락 같으면 여자가 음분(淫奔)을 하고 물이 당국안으로 꿰뚫어 나가면 자손에 절손이 되는 법이다.

뿐만 아니라 물의 조화도 또한 중하다는 것을 알아 두고 지리에 대한 식벽론을 개요하면 다음과 같다.

용론 (龍論)

용(龍)이란 산맥, 즉 지맥을 말하는 것이다. 좌편으로 뻗어내린 산맥을 좌선용(左旋龍)이라 하며 우편으로 뻗어내린 산맥을 우선용(右旋龍)이라 한다.

곧게 뻗어 나간 산맥을 직룡(直龍)이라 한다. 뻗어 나가는 산맥이 방향을 바꾸어 돌아가는 맥로(脈路)를 회룡(回龍)이라 하며 야산지대에 순순히 뻗어나간 산맥을 순룡(順龍)이라 한다.

달리는 방향에서 다시 소구쳐 되돌아 반대 방향으로 뻗어나간 산맥을 역룡(逆龍)이라 한다.

이 모든 행룡에 있어서는 어느 용이고 시발점이 있으니 이것을 가리켜 조산(祖山)이라 한다.

시조가 있기에 분맥이 있는 것이니 길게 뻗어 간 장룡(長龍), 짧게 끝고온 단룡(短龍), 서리서리 뭉쳐온 반룡(盤龍) 혹은 숨고 혹은 크고, 혹은 작고 혹은 동쪽으로 혹은 서쪽으로 혹은 엎드리고 혹은 넓고 혹은 구부리고 혹은 끊어져 있다. 행룡은 또한 수십리 혹은 수백리 수천리 서서히 산맥이 끊어져 있다.

용이란 어느 낙맥(落脈)을 막론하고 조산(祖山) 즉 주산 낙맥(主山落脈)이 중심으로 출맥하여 어떤 것은 일어서고, 구부리고 열리고 닫히고 넓고 좁아 천가지의 기복이 변함에 수려하여 그 생김이 살이 찌고 원만하며 끝이 단정하여 음양이 분명하여야만 진용진혈(眞龍眞穴)이라 이르는 것이다.

사세통설 (四勢統説)

사세(四勢)란 주작·현무·청룡·백호(朱雀·玄武·青龍·白虎)를 말한다.

즉 주작이라 함은 앞에 있는 안산(案山)을 말하며, 안산은 공작이 날개를 펴고 춤을 추는 듯 감돌아 있어 주객(主客)이 상대함에 다정한 모양으로 되어 있음을 필요로 한다. 이에 반하여 안산이 등을 지고 승거(勝去)의 형상이면 불미한 것이다.

현무라 함은 위에 따라온 산맥을 말함이니 현무는 머리가 곧고 얕게 굽어져 관기정통한 형상을 필요로 한다.

이에 반하여 용공이 기복이 없는 형상이면 불가한 것이다. 만약 무현무(無玄武)라면 후맥이 풍부함을 필요로 하며 높이 쌓인 것이 혈(穴)에서 한층 더 넓으면 가히 좋다고 하겠다.

백호(白虎)라는 것은 우편으로 소구쳐 감돌은 산을 말함이니 백호는 산세가 치닫지 않는 형상으로 순순히 엎드리어 혈(穴)을 호위하는 듯한 형국을 필요로 한다. 이에 반하여 난폭한 형상과 도주하는 모양은 좋지 못할 것이다.

청룡·백호는 二중 三중 겹겹이 둘러 있음을 더욱 더 필요로 한다.

청룡이란 좌편에 둘러싸인 산세를 말함이니 청룡은 겹겹이 꿈틀꿈틀 굽어 감도는 듯 혈(穴)을 감싸 호위하는 듯한 형국을 필요로 한다. 이에 반하여 곧장 내려가거나 혹은 반궁(反弓)의 형상을 이루게 되면 가히 쓰지 못하게 되니 이를 다.

질주(疾主)라고 한다.

나성정설(羅星定説)

나성(羅城)이란 동서남북 주위에 솟아 있는 산을 말한다.
옛날 도시에다 비하면 성곽과 같은 것이다. 부족함이 없
이 사방의 산이 높고 혹은 얕게 둘러 있음을 말함이니 성곽
이 곳에 따라 문이 있듯이 나성에서는 물이 들어 오고 어느
쪽으로는 물이 나가는 수구(水口)도 있다.

조안정설(朝案定説)

부조안(夫朝案)은 혈(穴) 앞에 있는 산을 말한다. 앞에 있
는 산을 일러 안산이라 하며 안산 뒤에 있는 산을 일러 조산
이라 한다.

안산이 있으면 앞이 허하지 않고 수습이 되며 주밀하여 사
방이 단아하게 보이면 가히 좋다고 할 수 있다.

조산이 있은 즉 더욱 당국(當局)이 빛을 발하니 조산과 안
산이 겸비한 즉 가히 격을 갖춘 산이라 하겠다.

간혹 조산은 있으나 안산이 없고 안산은 있으나 조산이 없
는 땅도 있으나 크게 구애됨은 없는 것이다.

사령통설(四靈統説)

사령(四靈)이란 관·귀·이·요(官·鬼·禽·曜)를 말한
다.

이요(禽曜)는 마땅히 보이나 숨기어 있지 못하고 관귀(官

鬼)는 마땅히 숨어 있어서 나타나지 아니하니 자연한 이치
라 하겠다.

안산 배후에 있는 봉우리를 관(官)이라 이름하니 관의 격
국이 돌리어 보이는 듯한 회두(回頭)의 모양이어서 가히 쓸
만한 격이 혈(穴)을 바로 비춰 주는 듯한 조혈(照穴)의 상이
다.

만약 득혈(得穴)에 있어 관봉(官峯)이 없다면 귀지는 못
되는 것이다.

주산(主山)의 배후에 있는 봉우리를 일러 귀(鬼)라 한다.
귀상(鬼相)이 배후에 있되 봉우리 하나로 단정히 있음을
요하며 크고 길게 솟아 있는 듯한 봉우리 하나로 단정히 있음을
없다면 귀지가 못되는 것이다. 암석(岩石)의 작은 산이 수
구 중간 주변에 있는 것을 이(禽)라 한다. 이봉(禽峯)이란
항상 유정하여 서로 바라보는 듯한 형상을 필요로 하며 이
(禽)가 없으면 불영(不榮)한 땅이라 하겠다. 소산암석(小山
岩石)이 청룡 벽호 밖에 바라보는 듯한 형상을 필요로 하며
요란 서로가 뜻이 있어 바라보는 듯한 형상을 요(曜)라고 한다.
혹 요봉(曜峯) 암석이 없으면 그 혈지(穴地)는 오래가지 못
한다.

論五星正形

금(金)·목(木)·수(水)·화(火)·토(土)의 다섯 류의 산
이 있는데 그 형국에 있어서는 청아하고 둥글게 생긴 형체
(形體)를 이르되 금산체(金山體)라 하며 머리 산두(山頭)가 약간
둥글게 그 체형이 헌출하게 솟은 체형을 목산(木山)이라 이

르며 줄기차게 봉우리마다 파도처럼 나가다가 머무르는 듯

한 곡형(曲形)을 수산(水山)이라 하며 산머리(山頭)가 뾰족

이 솟아 충천(冲天)하는 듯한 형국을 화산(火山)이라 하며,

전후 사면이 후중(厚重)하고 평평한 형체를 토산(土山)이라

하는 것이다. 행룡낙맥(行龍落脈)에 있어 오성(五星)에 천

변만화하는 양상이 혹은 상생으로 혹은 상극으로 결혈(結穴)

되어 있음에 자세히 관찰하지 않으면 잘못 판단하게 되니 지

술학자는 요찰 재고(再考)하여 오성(五星)을 바르게 판단하

여야 하겠다.

옛 지가서(地家書)인 오성가운(五星歌云)에 「水星一似生

吠走 木直金彎土宿横 火星尖秀向南生」이라 한 것은 이 오성

(五星)을 바르게 판단하는 철어(哲語)라 하겠다.

金山

금(金)은 맑고 부드러워 산형 역시 밝고 바르며 그러하며

금성(金星)의 형체를 태양(太陽)이라 하며 나지막이 솟은 형

체를 일러 태음(太陰)이라 한다. 금성(金星)이 가지는 행

룡낙맥(行龍落脈)에 있어서 많이 모이는 혈처(穴處)가 대개

봉(鳳)이 춤을 추듯 새가 날으는 듯한 봉무비조(鳳舞飛鳥)

의 형국이다.

옛글에 「金星形體에 結穴處가 多生 高形 혹은 蛾眉之形 혹

은 愧凸之形에 結穴됨도 金星만이 갖는 自然의 理」라 하였

다.

木山

목성(木星)은 청수하면서 높이 솟아 있어 겉으로는 강하

고 안으로는 유하며 마디마디가 결혈됨이 삼정혈(三停穴) 통

소형 一字木形 人形 등에 낙맥되는 수가 가장 많다.

발복(發福)에 있어서는 반드시 대귀(大貴)이며 준걸(俊傑)

이 나타날 것이니 과히 장목성(長木星)에 진득(眞得)이라 하

겠다.

水山

수성(水山)은 형체도 유하게 굴곡하며 그 성(性)이 다변

하여 바른 모양이 적고 그 형국이 굽어 행룡낙맥(行

龍落脈)에 있어 다유용사(多有龍蛇)의 류에 결혈이 많으며

혹은 곡류지처(曲流之處)나 혹은 양양곡수(洋洋曲水)에 낙

혈됨이 있다. 결혈처에 있어서는 평지연맥(平地連脈)에 가

장 많으며 그 기(氣)가 은은하여 형체를 식별하기가 어려운

데가 많으므로 가장 세심히 요찰하여야만 한다.

火山

화형(火形)은 항시 윗끝이 호동(好動)하므로 조종(祖宗)

의 산체가 높이 솟아 하늘을 찌르는 듯한 형세로 밑으로 곱

게 깔렸고 형국이 비겸지류(鈚鎌之類)와 같아야 결혈처가 있

는 것이다. 체형이 수려하며 용혈득국(龍穴得局)이 정통하

면 반드시 극품지지(極品之地)이니 산의 오행의 겸정자(廉

貞者)를 화성(火星)이라 할 수 있겠다.

土山

土形(土形)은 평평하여 그 형체가 순후(純厚)하며, 행룡낙맥(行龍落脈)에 있어서는 「冕流·玉屛·金書·誥軸」, 이와 같은 형국에 결혈이 되며 혹은 각첨(角尖)의 유형에도 결혈되는 수가 있다.

혈처가 높이 있어 진혈(眞穴)로 득지(得地)한다면 발음(發陰)이 대개 청고하게 되고 얕고도 작은 자리는 목민(牧民)의 관(官)이 속출하고 토성이 이어 나갔으면 반드시 부국(富局)이라 하겠다.

龍身結穴 相生

이 형체는 오성병화의 모양을 그렸으니 주산(主山)으로부터 결혈처까지 기복에 변화가 마디마디 상생(相生)하여 결지(結地)되어 있다. 반드시 부귀의 땅이며 자손에 충효·예의의 사람이 속출하니 가히 대지(大地)라 하겠다.

龍身結穴 相剋

이 형체는 오성 용신(五星龍身)이 주산(主山)으로부터 마디마디 상극(相剋)되어 결혈이 되었으니 반드시 재흥환패하여 패가망신하게 된다. 자손에 있어서는 불충·불효·불의의 사람이 생겨 이른바 패망의 땅이라 한다.

그러나 상극체에 있어서도 전환 변화가 있어 금성행룡(金星行龍)이 목성에 작혈(作穴)인즉 금극목(金剋木)으로 흉격이나 좌우로 화성을 얻으면 화성이 흉격을 제지하며 수성을

득하면 화성이 흉격을 제지하며, 수성이 도움을 받아 흉이 길로 바뀌어 선패후성(先敗後成)함으로 초패 연후에 후성 재기하는 땅이 허다히 있으니 잘 살펴야 하겠다.

翻花龍

행룡맥낙(行龍脈落)의 세(勢)가 거의 양편으로 가지를 놓고 달리는 것이 보통 산맥의 형태인 것이다. 이것을 말하여 용(龍)이 갖추는 귀족(貴足)이라 하며 또는 진에 발이라고도 한다.

翻花龍이란 내룡(來龍)에 지각(枝脚)에 순하게 뻗치지 않고 역(逆)으로 뻗어 있음을 말하게 된다. 용신(龍身)을 호위치 않는 역폭한 형체를 말하는 것이다.

이런 형국에 재혈(裁穴)을 하면 패망된다는 것은 재론할 여지가 없다.

劫殺龍

행룡의 변화가 심하게 있어 오행을 분변치 못하게 상생상극하여 가다가 정맥(正脈)을 이탈하여 산만 불순하며 각맥 탈기(劫脈奪氣)한 용신을 劫殺龍이라 이름하는 것이다. 이쯤 되면 대흉대패의 땅이라 하겠다.

元辰水圖

원진자(元辰者)는 혈암의 득수(得水)가 곧게 흘러 나가는

것을 말한다. 수직직거(水直直去)·수직무란(水直無闌) 등
의 수로를 말하게 된다. 즉 흔히 말하는 당문파(黨門破) 라
는 것이 이것이다. 속패(速敗) 속망(速亡)하는 충격의 혈지
(穴地)라 하였다.

단, 원진자라도 앞에 산이나 물을 얻어 산수(山水)가 만전
橫闌하게 돌아 있다면 초년은 발음(發陰)이 없다 하더라도
늦게는 길(吉)하여 지령(地靈)대로의 발복(發福)이 되어 감
은 의심할 여지가 없게 되는 것이다.

또한 복기낙용입좌(伏起落龍入坐)의 격은 갖추어 있으되
오직 물 한 줄기에 실격으로 결점이 있다면 인위작(人爲作)
이라도 축원(築垣) 배돈(培墩)하여 재혈한다면 격을 갖추게 되므로 대지

가 되는 수도 허다히 있는 것이다. 여기에 산천 변화의 리가
생하며 오행 변화의 화(化)가 있는 것이다.

反跳水圖

형체가 미묘하고 삼방(三方)이 주밀하여 형국은 되었다 하
더라도 흐르는 물줄기가 혈처를 배반도사(背反跳斜)하여 흘러 간다면
천어(千語)에 호평이 일언(一言)의 가치가 되지 않는다.
장후(葬後) 반드시 속성 패산(敗産)의 땅이요 분산 패주
(敗走)하게 되니 음양의 산수 배합의 법이 아주 중하다 함을
다시 한번 생각케 되는 것이다.

117

図龍吉　図結橫龍順　図水良元

図水跳反　図之龍生　図水抱反

来

反跳水

反跳水

反抱水圖

수법(水法)에 있어 반포수(反抱水)는 혹 가다가 있는 땅이다. 여간해서는 흔치 않게 있으므로 灣弓之形의 반대쪽에 있으나 홍국(洪局)으로 보는 데는 있을 수 있으나 소국적(小局的)으로는 회소하게 있게 된다. 반포수에 결렬이 되어 있다면 초년에는 약간 반복되나 반드시 바뀌어 쇠망하게 되므로 역시 패망의 땅이라 한다.

吉龍圖

내룡(來龍)이 겹겹 개장(開帳)하며 개자중주(個子中押)하여 수려하고 단아하게 결렬됨을 말한다.

生龍之圖

용형(龍形)의 변화가 막측하나 생룡(生龍)에 있어서는 내용(來龍)됨이 사생으로 호술되어 횡용(橫龍)이건 순용(順龍)이건 회용(廻龍)이건간에 용필(龍必) 요속기(要束氣) 진국(眞局)으로 이기(理氣) 생왕(生旺)하여 결렬되어 있음을 말한다. 필연 대발·대부·대귀(發·富·貴)의 땅이라 하겠다.

꿈/해몽법(解夢法)

꿈은 믿을 게 못된다고 흔히들 말하고 있지만、 꿈이 생활하는 데 있어서 그 앞길에 대한 조짐을 점쳐 준다고 하는 것은 세계 유수의 정신 과학자들도 인정을 하고 있다。 그러므로 꿈을 허황한 것이라고 생각하는 것은 큰 오산(誤算)이다。

면목(面目)과 신체(身體) 또는 치발(齒髮)에 관한 해몽

○ 흰옷을 입은 사람을 꿈에 보면 사람들로부터 모해를 당할 수。

○ 꿈에 몸이 병들어 누워 있으면 높은 벼슬을 받는다。

○ 꿈 속에서 노끈으로 몸을 묶이면 장수하며 길한 일이 생겨난다。

○ 꿈에 살이 찌던지 비쩍 마르던지 하면 그 날은 좋지 못한 일만이 생겨난다。

○ 꿈속에서 발가벗은 채 있으면 그 날은 좋지 않은 일이 생겨난다。

○ 머리가 백발이 되면 명이 길고 많은 이익을 얻을 수가 있다。

○ 머리털과 수염이 허옇게 세어지면 자식들이 봉변을 당해 근심이 생겨난다。

○ 꿈 속에서 목욕을 하게 되면 직장을 옮기게 되며 질병이 없어진다。

○ 꿈에 가위나 칼로 머리를 깎으면 집안에 좋지 못한 일이 생겨난다。 또 면도를 하거나 이발을 해도 그런 일이 생겨난다。

○ 이가 저절로 빠져 버리면 집안 어른에게 흉한 일이 생겨난다。

○ 세수를 하거나 머리를 빗으면 모든 우환과 근심이 없어진다。

○ 몸에 땀이 솟으면 길하지 못하다。

○ 꿈 속에서 대낮에 관리를 만나게 되면 명이 길어진다。

땅과 산、 들、 나무를 본 해몽

○ 별안간 땅이 움직여 지진을 하는 것 같으면 직장을 옮기게 된다。

○ 「골프」장갑이 드넓은 잔디를 보게 되면 좋은 일이 생겨난다。

○ 들판 위에 누워 참을 자면 크게 좋은 일이 생겨난다。

○ 집안으로 돌을 들고 들어가면 재물이 생긴다。

○ 매끄럽고 작은 조약돌은 손아귀에 쥐고 장난을 하면 귀한 아들을 얻을 수 있다。

○ 높은 산 위에서 놀면 좋은 경사가 생겨난다.

○ 고목나무에 잎이 돋고 꽃이 피어나면 집안에 흉한 일이 생겨날 징조이다.

○ 어떤 물건이든 갖고 높은 산에 오르게 되면 자식을 배게 될 수.

○ 녹음이 짙은 수풀 속에 앉거나 누우면 병이 없어진다.

○ 나무가 수풀 가운데에 나서 서 있으면 귀한 자식을 얻게 될 수가 생긴다.

○ 들판을 걸으면 횡재를 하고 크게 길할 수가 있다.

○ 바위에 올라 앉아 돌을 안고 있으면 만사가 길하다.

○ 몸이 흙속에 들어가면 좋은 일이 생겨난다.

○ 꿈에 돌과 산이 마구 무너지면 집안에 흉한 일이 생겨난다.

조상(祖上)과 사람에 관한 해몽

○ 조상이 꿈에 나타나 음식을 권하며 말을 하면 좋은 일이 있다.

○ 성인(聖人)과 같이 말을 주고 받으면 좋은 일이 있다.

○ 죽은 사람이 다시 살아나면 좋은 일이 있다.

○ 꿈 속에 날개가 몸에 나서 날아 다니면 좋은 일이 생겨난다.

○ 조상에게 절을 하면 경사가 생겨난다.

○ 사람이 삿대질이나 화를 내면서 너는 쓸모 없는 사람이다 하고 꾸중을 하면 좋은 일이 생겨난다.

○ 사람으로부터 살해 당하면 대길하고 숨으면 불길하다.

○ 위인(偉人)을 꿈에 보면 좋다.

○ 고향에 계신 부모를 보면 식구들 중에 병이 생기고 먼 곳에 떨어져 있는 친척중에 구설수가 생겨난다.

○ 시집가는 것을 보면 좋지 않고 장가가는 것을 보면 좋은 일이 생긴다.

왕실(王室) 집, 혹은 누각, 창고(倉庫)에 대한 해몽

○ 높은 누각에서 술을 마시면 부귀영화가 생겨난다.

○ 높은 당에 올라 앉으면 벼슬을 받게 된다.

○ 어두운 밤에 등불을 보면 길하다.

○ 집에다 높은 누각을 세우면 좋은 일이 생겨난다.

○ 집을 개축하면 좋은 일이 생겨난다.

○ 새집에 옮겨 살면 좋은 일이 있다.

○ 낡은 집으로 이사를 가면 예쁜 색씨에게 장가를 들게 된다.

○ 천정의 대들보가 부러지면 불길하다.

○ 바람에 집이 진동하면 죽는 일도 생긴다.

○ 집안을 깨끗이 청소를 하면 먼데 살고 있는 귀한 손님이 찾아온다.

○ 집안에 사람이 없으면 죽을 병이 생긴다.

○ 집안에서 불이 솟아나면 이사할 일이 생긴다.

○ 창고 속에 들어가면 좋은 일이 있고 성공한다.

○ 창고를 더 확장하면 재물이 생긴다.

신발이나 의복에 대한 해몽

○ 의복을 빨고 염색을 하면 좋은 일이 생겨난다.

○ 옷을 벗으면 좋은 일이 있고 계획한 일이 잘되며 입신양명도 할 수 있다.

○ 도둑놈이 집안으로 들어 오는 것을 보면 좋지 않고 도둑놈이 옷을 훔쳐 갔다면 않던 사람이 낫는다.

○ 부인이 꿈 속에서 장옷을 입으면 귀한 아들을 낳는다.

○ 좋은 이불을 덮으면 부귀해진다.

○ 많은 사람이 빨간 옷을 입고 있으면 친구들과 헤어지거나 다툴 일이 생겨난다.

○ 많은 사람들이 흰옷을 입고 있으면 송사가 생긴다.

○ 푸른 옷을 입으면 귀인이 찾아와 도와준다.

○ 누런 옷이나 검은 옷을 입으면 처첩을 얻게 된다.

○ 신이 떨어지면, 또 해어지면 자식들이나 안 식구들에게 병이 생긴다.

○ 여자가 웃옷을 입으면 사람의 청함을 받아 좋은 일이 생겨난다.

○ 옷이 해어지면 아내의 박대를 받게 된다.

○ 딴 사람의 옷을 입으면 근심이 생긴다.

○ 수 놓은 비단옷을 입으면 자손에게 좋은 일이 생긴다.

○ 미투리를 신으면 모든 일에 좋다.

○ 신발을 얻으면 아랫 사람에게 좋은 일이 생긴다.

칼과 기, 혹은 북과 쇠에 관한 해몽

○ 정기를 안게 되면 귀한 분을 만나게 된다.

○ 기(旗)를 새로 만들면 좋은 일이 있다.

○ 칼을 빼들고 다니면 좋은 일이 있다.

○ 칼을 빼들고 사람과 다투면 좋은 일이 생긴다.

○ 여인이 칼을 빼면 아들을 얻으며 경사가 생겨 좋은 일이 생겨난다.

○ 가위를 보면 재물이 생긴다.

○ 갖고 있던 칼을 남에게 주면 흉한 일이 생긴다.

○ 쇠북과 경쇠소리가 나면 반가운 손님이 찾아온다.

○ 칼로 사람을 찌르면 흉한 일이 생기나, 다투기만 하면 괜찮다.

왕과 문관, 무관과 호수에 관한 해몽

○ 왕의 부름을 받으면 경사가 생긴다.

○ 부처에 예를 올리면 재물을 얻는다.

○ 성문을 개축하면 좋은 일이 생겨난다.

○ 성문이 크게 열리면 구설수가 있다.

○ 문 앞에 시궁창이 있으면 사업에 실패한다.

○ 성문이 열리지 않으면 일이 잘되지 않는다.

○ 돌로 성문을 만들면 오래 살게 된다.

○ 새로 우물을 파서 물을 얻으면 먼 곳의 소식을 듣게 된다.

금(金)과 은(銀)、주옥(珠玉)、견(絹)이나 솜(綿)에 관한 해몽

○ 금과 은을 보게 되면 귀한 아들을 얻게 되며 또 잉태하게

○ 된다.
○ 옥이 많이 쌓이면 부귀가 생긴다.
○ 옥으로 된 밥그릇이나 기물을 얻으면 좋은 일이 생긴다.
길거리나 집안에서 돈을 주우면 좋은 일이 생겨난다.
○ 옛 성현이 비단을 주면 직업을 얻는다.
○ 배와 비단을 차지하면 식구가 늘게 된다.
○ 구슬이 품안에 가득하면 좋은 일이 생겨난다.
○ 봄과 여름에 돈을 주우면 좋은 일이 생기고 가을과 겨울에는 좋지 않다.
○ 채색 비단을 얻으면 권세가 생겨난다.
○ 상자 그릇을 받으면 구설이 생긴다.

거울(鏡)이나 비녀 및 빗에 대한 해몽

○ 거울을 얻어 비치면 기쁜 소식이 들린다.
○ 거울이 밝게 비치면 좋은 일이 생겨나고 어두우면 흉하다.
○ 거울을 남한테 얻으면 귀한 자식을 얻는다.
○ 금비녀가 빛을 내면 자식을 잃게 된다.
○ 수건을 보면 구설수가 생긴다.
○ 분과 연지를 보면 크게 재수가 있다.
○ 거울을 여자한테서 얻으면 예쁘고 마음 착한 아내를 얻을 수 있다.
○ 엉뚱한 하인이 거울에 비추어 보이면 아내에게 좋지 않은 일이 생겨난다.
○ 분첩을 얻으면 귀한 딸을 얻게 된다.
○ 바늘과 실을 얻으면 만사형통할 수 있다.

상장이나 전화·서적에 관한 해몽

○ 밥상과 장막을 새롭게 단장을 하면 먼곳의 손님이 찾아오게 된다.
○ 밥상과 장막이 문 밖으로 나가면 아내를 잃게 된다.
○ 자리를 펴고 앉으면 벼슬을 얻게 되거나 취직 아니면 영전을 하게 된다.
○ 구슬이나 옥같은 것을 얻으면 남에게서 도움을 받는다.
○ 꿈속에서 수저를 얻으면 처와 자식을 맞이하게 된다.
○ 불 화로를 얻거나 그릇같은 것을 얻으면 재물과 좋은 일이 생겨난다.
○ 비단 베개를 갖게 되면 귀한 손님을 받게 된다.
○ 장막을 열면 밥과 술이 생긴다.
○ 가마솥이 깨지면 초상을 당하게 되고 솥에 밥이 넘치도록 있으면 재물을 횡재한다.
○ 물동이나 항아리를 들다가 밑이 빠져 버리면 집에 있는 재물이 없어진다.
○ 노끈과 새끼같은 것을 갖게 되면 오래 살고 또 좋은 수가 생긴다.
○ 다리미에 불이 나면 남의 도움을 받게 된다.
○ 저울을 받으면 경사가 생긴다.

배와 수레를 본 해몽

○ 배를 타고 술을 먹으면서 울면 먼 곳의 손님이 찾아온다.
○ 배를 타고 강을 건너면 좋은 취직처가 생기거나 영전을 한

다.
○ 배를 타고 다리밑을 지나가면 재수가 있다.
○ 부모를 도와 배를 타게 되면 관직을 얻는다.
○ 불을 들고 배를 타면 좋은 일이 생긴다.
○ 수레바퀴가 깨어지거나 떨어져 나가면 부부가 이혼을 한게 된다.
○ 수레가 대문 안에 굴러 들어오면 우환이 생긴다.
○ 배나 수레가 파괴되면 집안에 흉한 일이 생긴다.
○ 양이 수레를 끌면 좋지 않다. 구설수가 생기게 마련이다.
○ 수레가 달리지 못하면 하는 일이 잘되지 않는다.

도로(道路)와 교량에 대한 해몽

○ 길이 질고 가시나무가 있으면 하는 일이 잘되지 않는다.
○ 네거리에 서있게 되면 뜻을 이룰 수가 있다.
○ 다리와 하천을 수리하게 되면 모든 일이 잘된다.
○ 다리 위에 앉아 있으면 모든 일이 잘된다.
○ 새로 자리를 만들어 놓으면 뜻이 이루어진다.
○ 다리의 기둥이 부러지면 송사가 생겨난다.
○ 다리 위에서 사람이 부르면 송사에 이길 수가 있다.
○ 다리가 끊어지면 송사가 생겨난다.
○ 시장에 부부가 같이 들어가면 하는 일이 잘 생긴다.

부처(夫妻)와 잉태 및 교화에 대한 해몽

○ 잔치 자리에 부부가 모여 앉아 있으면 이혼을 하게 된다.
○ 비녀를 부부가 나누어 갖게 되면 이혼을 하게 된다.

○ 결혼식 때 상제를 보면 불길하다.
○ 부인과 같이 앉아 있으면 좋은 수가 있다.
○ 부인을 포옹하면 경사가 생겨난다.
○ 두 부부가 같이 물 속에 들어가면 좋은 수가 생긴다.
○ 어린 계집애를 안고 있으면 구설수가 생긴다.
○ 부인이 비단옷을 입으면 귀한 아들을 낳는다.
○ 부인의 하체를 보면 구설수가 생겨난다.

음식과 주류, 그리고 다과에 대한 해몽

○ 손님을 청하여 같이 술을 먹으면 구설수가 있다.
○ 딴 사람과 같이 모여 앉아 음식을 먹으면 오래 살 수가 있다.
○ 감과 만두를 먹으면 구설수가 없어진다.
○ 술과 술을 담그는 누룩을 보면 손님을 대접할 일이 생긴다.
○ 곡식을 얻으면 좋은 일이 생겨난다.
○ 과일을 먹으면 불길하므로 모든 일에 조심을 해야 한다.
○ 곡식을 파는 것을 보게 되면 계획한 일이 잘되고 쌀을 사는 것을 보면 병이 생겨난다.
○ 오이를 꿈 속에서 많이 먹으면 부부간에 이혼을 하게 된다.
○ 제육을 칼로 썰면 병이 생긴다.
○ 개고기를 꿈 속에서 많이 먹으면 남과 다투게 된다.
○ 귀한 손님과 마주앉아 술을 먹으면 좋은 일이 생겨난다.
○ 꿈속에서 술을 먹으면 슬픈 일이 생겨난다.

무덤(墓)에 대한 해몽

○무덤 위에 나무가 서 있고 나무 위에 꽃이 핀 것을 보면 오래 살고 소원 성취를 할 수가 있다.

○묘가 높으면 좋은 일이 있다.

○무덤 위에 구름이 걸치면 좋은 일이 생겨난다.

○무덤 문이 열리면 좋은 일이 생겨난다.

○무덤에 꽃이 피면 뜻대로 일이 된다.

○집안에 관이 들어오면 모든 일이 잘된다.

○죽은 사람이 관에서 나오면 손님이 찾아온다.

○죽은 사람을 염하고 입관을 하면 재물을 횡재한다.

문서나 연필, 혹은 벼루와 병기(兵器)를 보았을 때의 해몽

○꿈 속에서 병서를 보면 뜻한 대로 성공을 한다.

○오색 종이를 보면 재물을 얻을 수가 있다.

○글을 쓰고 읽으면 좋은 수가 있다.

○문서(文書)에 도장을 찍으면 구설수가 생긴다.

○편지를 봉하면 목적을 이룰 수가 있다. ·

○붓과 벼루를 손에 들고 있으면 좋은 소식을 들을 수가 있다.

○편지를 남에게서 받으면 재수가 있다.

○바둑을 두거나 보면 집안 식구 중에 취직을 하거나 영전을 한다.

기쁘고 슬프고 노래 부르는 것에 대한 해몽

○여러 사람과 같이 울면 경사가 생겨나 집에서 잔치를 해야 한다.

○집안 식구가 기쁘고 즐거우면 모든 일에 좋다.

○단 위에서 노래하고 즐기면 초상이 날 염려가 있으니 조심해야 한다.

○병자가 노래를 부르면 좋지 않다.

○이미 고인이 된 어른을 꿈 속에서 보면 좋지 않다.

○큰 소리로 울면 즐겁고 기쁜 일이 생겨난다.

○먼데 있는 사람이 찾아와서 슬프게 울면 불길하다.

○병이 들면 좋은 일이 생겨난다.

○수레에다 병든 사람이 꽃같은 것으로 장식을 하면 죽을 수가 있다.

불상(佛像)과 승니(僧尼)와 귀신에 대한 해몽

○상가집에 조문을 하러 가면 아들을 얻는다.

○귀신에게 몹시 쫓기거나 맞으면 좋지 않은 일이 생겨난다.

○부처를 보면 또한 일이 이루어진다.

○신령님이나 부처를 보면 아들을 얻는다.

○중이나 스승이 염불을 하고 불경을 일깨워 주면 집안에 우환이 생겨난다.

칼과 살해(殺害)·투상(投傷)에 대한 해몽

○칼에 맞아 죽으면 대길하다.

○남을 죽이면 좋은 일이 생겨난다.

○칼을 갖고 자살을 하면 재수가 있다.

○사람을 죽여 피로 옷을 더럽히면 재물을 준는다.

○칼에 찔려 피를 흘리게 되면 술과 밥이 거저 생긴다.

○몸에서 피가 나면 집안에 손님이 찾아온다.

○허리를 자르면 횡재를 한다.

○손가락을 칼로 자르면 병이 생긴다.

○부인을 때리면 좋지 않다.

○칼을 갖고 서로 죽여 피를 흘리면 하는 일이 잘된다.

○거북을 죽이면 식구들 중에 누가 죽으니 조심해야 한다.

○도끼나 칼에 다치면 재수가 없으니 조심해야 한다.

○발로 차서 넘어지면 돈을 잃게 되니 조심해야 한다.

○부인에게 매를 맞으면 집에 도둑이 들어온다.

○돼지를 죽이면 재물과 좋은 일이 생겨난다.

○범을 죽이면 인심을 얻어 집에 찾아오는 사람이 많다.

○부인에게 대나무 창으로 할키우면 직장을 얻거나 영전을 한다.

구속되거나 형벌을 받았을 경우의 해몽

○거위·오리·닭같은 것을 잡으면 큰 돈을 벌게 된다.

○옥에 갇히면 슬프고 외로운 일을 당한다.

○옥에 갇혀 있는 데 매를 맞거나 욕을 먹으면 반가운 소식이 있다.

○감옥에 갇혀 앉아 있으면 재물이 생긴다.

○그물을 입으면 송사를 당하게 된다.

○형벌을 받으면 창피한 일을 당한다.

○죄를 묻고 형장을 맞으면 좋은 일이 생긴다.

풍경과 오곡에 대한 해몽

○풀이 밭 가운데에 나면 공돈이 생긴다.

○볍씨를 밭에 심으면 식구들 중에 집을 뛰쳐나가는 불상사가 생긴다.

○벼를 밤에 추수하면 집안이 화목하고 편안하다.

○벼가 풍년이 들면 부귀가 생긴다.

○미곡이 쌓이면 길하고 좋지만 흩어지면 집안 식구중에 병이 생긴다.

○보리와 쌀이 길거리나 마당에 흩어지면 좋지 않다.

○쌀과 보리가 쌓여 있는 가운데 눕거나 앉으면 재물이 생긴다.

수확과 도둑과 등에 대한 해몽

○곡식을 손에 쥐고 있으면 집안에 좋은 일이 있다.

○물 위로 걸어다니면 재수가 없으며 물 속에서 불길이 솟아나면 기쁜 소식이 온다.

○물이 흘러 넘치면 장가를 가거나 시집을 가게 된다.

○쉬지 않고 물을 마시면 재물이 생겨난다.

○ 불이 산과 들에 붙어 타면 직장이 생기며 좋은 자리로 영전이 된다.

○ 집에 불이 붙으면 공돈이 생기거나 하는 일이 잘된다.

○ 도둑질을 하면 원하는 일이 잘된다.

○ 강도가 집안에 들어오면 집안이 망한다.

○ 욕을 하거나 꾸중하는 것을 보면 송사를 당하게 된다.

○ 남녀가 같이 목욕을 하고 침실에 들어 가면 병이 생긴다.

용사(龍蛇), 금수에 대한 해몽

○ 용을 타고 물 속에 들어가면 좋은 일이 생겨난다.

○ 집안에서 용이 졸고 있으면 뜻하는 일이 잘된다.

○ 용이 죽으면 다 된 일이 흩어진다.

○ 문밖에 용이 닥치면 집안에 경사가 있다.

○ 산으로 용이 오르면 계획한 것이 제대로 된다.

○ 용이 우물 안으로 들어가면 직업을 얻고 좋은 자리로 승진을 한다.

○ 용이 날으면 벼슬을 더 얻는다.

○ 용과 뱀이 부엌에 들어오면 직장이 생긴다.

○ 뱀이 용으로 변하면 남이 도와준다.

○ 부인이 용을 보면 아들을 낳는다.

○ 뱀이 물 속으로 다니면 영화가 있다.

○ 방구석으로 뱀이 들어가면 욕을 먹는다.

○ 용과 뱀이 서로 바라보면 횡재수가 있다.

○ 희고 누른 뱀을 보면 송사가 생긴다.

○ 봉황을 보면 남이 도와준다.

○ 논바닥에 봉황이 앉으면 좋지 않은 일이 생겨난다.

○ 붙들린 학을 놓아 보내면 재물이 생기고 기쁜 소식이 있다.

우마(牛馬)와 가축에 대한 해몽

○ 집안에 누런 소가 들어오면 재물이 생긴다.

○ 산언덕을 소가 어슬렁 어슬렁 오르면 좋은 일이 생긴다.

○ 소가 사람을 뿔로 받으면 흉악한 일을 당한다.

○ 소가 문으로 통하여 나가면 경사가 생겨난다.

○ 들소가 집안으로 들어오면 식구들 중에 누가 죽는다.

○ 소가 새끼를 낳으면 뜻한 게 잘된다.

○ 소가 양을 집으로 끌어 들이면 경사가 있다.

○ 말이 집 뜰에서 춤을 추면 집안에 우환이 생긴다.

○ 천리를 단숨에 말이 달리면 기쁜 소식이 있다.

○ 말을 타고 신나게 기분이 좋도록 달리면 좋은 일이 생긴다.

○ 말을 탔으나 달리지 않으면 싸움을 하게 된다.

○ 집안으로 말이 들어오면 나쁜 일이 생긴다.

○ 흰 말을 타게 되면 병이 생긴다.

○ 여러 말이 에워싸면 원한이 풀린다.

거북이와 물고기 및 곤충에 대한 해몽

○ 거북이와 뱀이 서로 바라보면 횡재수가 있다.

○ 여자가 거북을 보면 높은 자리에 올라 앉는다.

○ 자라를 보면 횡재를 한다.

○ 고기를 그물로 잡으면 좋은 일이 생긴다.

126

○ 잉어를 보면 부인이 임신을 한다.
○ 고기를 보면 집안에 기쁜 일이 생겨나지만 죽은 고기나 인 고기를 보면 불행한 일이 생겨난다.
○ 산 잉어를 보면 윗사람의 사랑을 받지만 죽은 잉어는 전연 반대의 결과를 얻게 된다.
○ 고기떼와 벌레들 속에 앉게 되면 집안 식구들의 병이 없어 진다.

천체(天體)와 운무(雲霧)에 대한 해몽

○ 하늘이 붉게 보이면 큰 난리나 싸움이 벌어질 징조이다.
○ 용을 타고 공중에 오르면 복이 돌아온다.
○ 지붕을 날아 오르면 높은 벼슬을 얻게 된다.
○ 하늘에 올라 아내를 구하면 아내가 높은 자리에 올라 앉게 된다.
○ 하늘을 쳐다보면 재수있는 일이 생겨난다.
○ 해와 달을 보면 영전하게 된다.
○ 해와 달이 산을 막으면 아래 사람이 속임수를 써서 큰 손해를 보게 된다.
○ 별이 떨어지면 송사가 생겨난다.
○ 오색 구름을 보면 하는 일이 잘된다.
○ 검은 구름이 땅에 떨어지면 유행병을 앓게 된다.
○ 눈 내리는 것을 꿈에 보면 먼데서 손님이 오거나 하는 일이 잘된다.
○ 눈을 맞았는데 녹지 않으면 식구 중에 누가 죽는다.
○ 벼락을 맞으면 공돈이 생긴다.

○ 무지개가 빨갛게 보이면 재수가 있고 검게 보이면 좋지 않 아 집안에 우환이 생겨난다.
○ 큰 비가 내려 장마가 지고 바람이 몰아쳐 나무가 부러지거 나 하면 집안 식구 중에 누가 죽는다.

악몽을 물리치는 비법

좋지 않은 꿈을 꾸어 기분이 좋지 않으면 아침 해가 돋을 때 동쪽을 향하여 반드시하게 서서 암축을 해야 하는데 그 암축은 〈동녘에 해가 뜨니 어두움이 사라졌도다, 내 마음 괴롭고 무거우니 나쁜 일은 물러가거라〉이렇게 세 번을 연속해서 암축을 한 다음에 깨끗한 냉수로 세 번 양치하여 뱉으면 재앙이 없어진다.